Andrea Platte Franz Krönig

INKLUSIVE Momente

Unwahrscheinlichen Bildungsprozessen auf der Spur

Andrea Platte Franz Krönig

INKLUSIVE Momente

Gestaltet von Negin Schulte-Ontrop

BELTZ

Dr. Andrea Platte ist Professorin für Bildungsdidaktik mit dem Schwerpunkt Didaktik der Elementarpädagogik an der TH Köln.
Dr. Franz Kasper Krönig ist Professor für Elementardidaktik und Kulturelle Bildung an der TH Köln.

FSC
www.fsc.org
MIX
Papier aus verantwortungsvollen Quellen
FSC® C089473

Dieses Buch ist erhältlich als:
ISBN 978-3-407-62998-2 Print
ISBN 978-3-407-29501-9 E-Book (pdf)

1. Auflage 2017

Lektorat: Larissa Schönknecht
Umschlaggestaltung: Negin Schulte-Ontrop
Bild- und Textnachweise: Flyer auf S. 57: Gestaltung Bernd Hartwig & Foto: © nito - Fotolia.com; Noten auf S. 44/45: © Achim Tang; Screenshots auf S. 60: https://www.youtube.com/watch?v=HNUHnzkojag by AsoOmii Jay; Textauszug auf S. 70 von Astrid Lindgren, in der deutschen Übersetzung von Anna-Liese Kornitzky, aus: Astrid Lindgren, Anna-Liese Kornitzky, Ilon Wikland, »Madita und Pims« © Verlag Friedrich Oetinger, Hamburg 1990; Text auf S. 24/25 von Gina Ruck-Pauquèt
Illustration: Negin Schulte-Ontrop

Herstellung: Michael Matl
Satz und Layout: Negin Schulte-Ontrop
Druck und Bindung: Beltz Bad Langensalza GmbH, Bad Langensalza
Printed in Germany

Weitere Informationen zu unseren Autoren und Titeln finden Sie unter:
www.beltz.de

Danke an ...

Antonietta Abbruscato, Nina Bittner,
Yasmine Chehata, Ulrike Da Rocha,
Monika Endres, Frank Engelhardt,
Salomé Grams, Theodor Krönig, Linda Neubert,
Thorsten Neubert, Mercedes Pascual Iglesias,
Marina Melles, Vincent Overesch,
Karl-Heinz Platte, Siegfried Saerberg,
Larissa Schönknecht, Mathias Schulte-Ontrop,
Marita Ragonese, Georgina Reiss, Achim Tang.

INHALT

FRAGEN

SUCHEN UND ENTDECKEN

NICHT ZU ENDE

Fragen

11

Der Moment Das

Im Begriff der inklusiven Momente liegt eine Doppeldeutigkeit, die unmittelbar auf das Wesentliche der sich darin ausdrückenden Idee verweist: Der Moment klingt zunächst nach einer temporalen Bestimmung. Ein klar begrenzter Zeitpunkt, der erscheint und wieder (ver)geht. Das wirkt statisch, eindimensional, vielleicht auch zufällig und einmalig. Nach diesem statischen Verständnis würde man sich unter inklusiven Momenten vielleicht kleine Inseln des Gelingens und schöne Best-Practice-Beispiele vorstellen, denen zu Recht vorgeworfen werden kann, die strukturelle Ebene der Realisierung inklusiver Bildung und deren Widersprüche zu ignorieren.

Ein inklusiver Moment ist aber nicht nur ein Ereignis (oder Setting), das als besonders und bedeutend erscheint, sondern eines, das – wie man auf Englisch sagt – Momentum gewinnt. Hier kommt die etymologisch angelegte Bewegung (movere) zum Tragen und aus dem statischen Moment wird das dynamische Moment. Dann geht es um die Frage, ob der Augenblick, in dem sich Inklusion zu realisieren scheint, für die strukturelle Ebene anstößig ist oder sein kann.

Der Veränderungsprozess – das ist trotz aller Ambivalenzen nicht zu leugnen –, den der Begriff der Inklusion schon angestoßen hat, pendelt zwischen Reformbereitschaft und dem Beharren auf Vertrautem, ist bestimmt von Resignation und Euphorie, von handlungsorientiertem Pragmatismus und dem konzeptionellen Schweifen in die Zukunft...

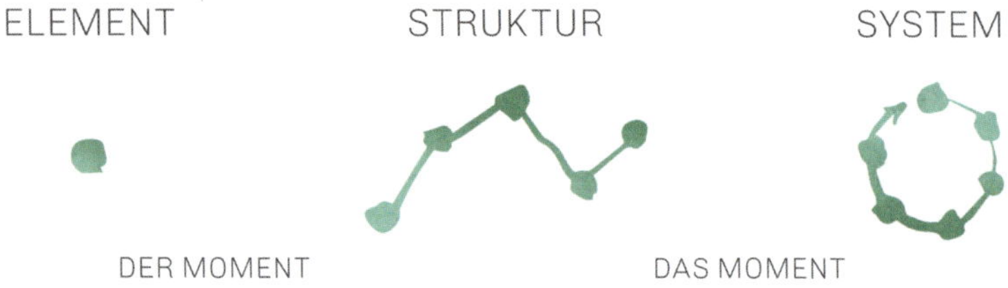

Um die gar als Utopie bezeichnete Leitidee für die Gegenwart greifbar zu machen, richten wir den Blick auf real bereits zu findende »inklusive Momente«. Im Unterschied zur »inklusiven Schule«, zur »inklusiven Kita« und auch zum »inklusiven Projekt«, die es innerhalb bestehender exklusiver Strukturen im Bildungssystem nicht geben kann (auch wenn viele sich so nennen), ereignen sich inklusive Momente durchaus auch innerhalb dieser Strukturen. In der Beachtung dieser Momente sehen wir die Möglichkeit, inklusive Bildung zu beschreiben und ihre Beschaffenheit zu erkennen, ohne Kompromisse einzugehen und damit den Charakter der inklusiven Bildung in der Begegnung mit der Realität zu relativieren – denn Inklusion ist radikal. Der inklusive Moment als kleine Einheit, im Sinne des Gottes Kairos als günstiger Augenblick, gerät nicht in das abwägende Balancieren, hat keine Zeit für Anpassungsleistungen und lässt das »Inklusive« unhintergehbar bestehen.

Wir versprechen uns von der Zusammenstellung »inklusiver Momente«, das ursprüngliche radikale Anliegen des Begriffes »Inklusion« in konkreter Wirklichkeit und Wirksamkeit aufzuzeigen und in der Beschreibung dieser Momente konkrete Anhaltspunkte für einen pädagogischen und bildungspolitischen Prozess jenseits von bloßen Verlautbarungen und utopischen Träumereien zu finden.

Die exemplarische Kraft im Kleinen weist die Richtung für das Große (das Richtige wie das Falsche!) – so könnte das Vorgehen zusammengefasst werden, mit dem wir das Anliegen verfolgen, in inklusiven Momenten ein Verständnis von Inklusion zu entwickeln.

14

Der Moment des Anstoßes

Das Bild »Meine Klasse« – gemalt von Georgina, 4. Schuljahr – hat ihre Klassengemeinschaft geprägt und über die Grundschulzeit hinaus begleitet. Den Leistungsstandards der 4. Klasse entsprechen die »Kopffüßler« nicht. Aber sie drücken aus: Alle gemalten Kinder haben – in der Handschrift der Künstlerin – eine Gemeinsamkeit. Diese scheint sie als (Klassen)Gemeinschaft miteinander zu verbinden. Gleichzeitig hat jedes einzelne Kind ganz individuelle

Eigenarten: Locken, eine besondere Größe, eine Krone, einen Namen. Auch die Namen überraschen in Anbetracht der für Klasse 4 erwartungsgemäßen Schreibleistung – und sind doch für jene lesbar, die die Kinder kennen: Kta für Katarina, E-L für Elvan, L-M für Lisa-Marie … Georginas Schreibweise drückt das Zusammenwirken von Individualität (ihrer persönlichen Fähigkeit zum Schreiben) und Gemeinsamkeit (Lesbarkeit für »Eingeweihte«) aus.

Im Gemeinsamen – alle sind Mitglieder einer Klasse, alle sind Werk ein und derselben Zeichnerin – ist zugleich jede*r einzigartig, und damit auch die Gruppe. Diese Balance macht den inklusiven Moment aus.

»Meine Klasse« ist nicht zufällig der inklusive Moment, der ganz zu Anfang dieses Buches steht. Während jeder inklusive Moment es zulässt, auf verschiedene Weise und auf verschiedenen Ebenen interpretiert zu werden, scheint dieser Moment besonders prägnant zu sein. Genauso substantiell wie sich nämlich die Frage von Individualität und Gemeinschaft hier als ein nur scheinbares pädagogisches (und politisches) Spannungsfeld zeigt und fragen lässt, wie dessen Auflösung inklusiv gelingen konnte, lässt dieser Moment ahnen, welche Bedeutung symbolischer Praxis für inklusive Prozesse zukommen könnte. Wenn die Symbole eines Kindes in einer Gemeinschaft beachtet werden, wenn sie in dem Sinne »verstanden« werden, dass nach ihrer auch ausdruckshaften Bedeutung gesucht wird, wenn andere Kinder diese Symbole aufgreifen und sie individuell »bearbeiten«, sie sich aneignen, sie transformieren und in den gemeinsamen Verständigungsprozess zurückspielen, können wir von dem Take-off einer Kultur sprechen. Diese kann dann inklusiv genannt werden, wenn die Wahrscheinlichkeit der Beachtung, der Sinnzuschreibung, des Verstehen-Wollens etc. symbolischer Praxis in einer Gruppe symmetrisch verteilt ist. Das heißt nicht, dass jede*r gleich viele oder ähnliche Beiträge beisteuern müsste, sondern vielmehr, dass alle als solche anerkannt sind, die an Produktion und Rezeption grundsätzlich teilhaben und dies in einer Weise tun können, die ihre je eigene ist.

Exklusive Strukturen …

Den Anstoß, nach inklusiven Momenten zu suchen, gab die schlichte Erkenntnis, dass – trotz Ratifizierung der UN-Behindertenrechtskonvention, trotz Inklusions- und Aktionsplänen und trotz der wachsenden Zahl an Bildungseinrichtungen und Projekten, die sich »inklusiv« nennen – inklusive Bildung in einem exklusiven Bildungssystem unmöglich ist. Es gibt keine inklusive Schule, keine inklusive Kita, keine inklusive Klasse, solange nicht alle Kinder und Jugendlichen selbstverständlich Zugang zu der Einrichtung finden, die sie besuchen möchten, solange Kinder ihre Zugehörigkeit durch Entwicklungs- und Leistungsangemessenheit unter Beweis stellen müssen und ihre Passung Voraussetzung für Teilnahme und Teilhabe ist. Eine ernüchternde Gewissheit, denn inklusive Bildung ist nicht nur internationale und bildungspolitische Leitidee, sondern die einzig vorstellbare Gestaltung von Bildung, die – im Sinne eines ursprünglichen Auftrags von Pädagogik, so sollte man meinen – Lernende nicht auf-, be- oder abwertet. Aussonderung, und das ist die Praxis, Kinder nach erwarteten Mustern als »zugehörig« oder »nicht zugehörig« zu erklären und damit schon in frühen gemeinschaftlichen Lernerlebnissen Gewinner*innen und Verlierer*innen zu unterscheiden, steht im Widerspruch zu einem solchen Verständnis von Pädagogik. Deren primärer Auftrag läge darin, Kinder und Jugendliche zu unterstützen, sich auf ein erfülltes Leben vorzubereiten – nicht im Wettbewerb, sondern in Solidarität.

… für inklusive Momente

Bei aller Ernüchterung: Selbst im selektiven, segregierenden und damit exklusiven Bildungssystem finden sich Einrichtungen, Teams und Fachkräfte, die sich entschieden in Richtung einer inklusiven Bildung orientieren. Es gibt Eltern, die eine solche fordern sowie Kinder und Jugendliche, die Wege dahin mitgehen. Um diese Bemühungen in widriger Umgebung, das Richtige im Falschen (ursprünglich auf die Frage des Privatbesitzes bezogen, vgl. Adorno 2003, S. 43), zu würdigen und mehr noch, erkenntnisleitend zu nutzen, haben wir uns auf die Suche gemacht, inklusive Momente zu identifizieren und zusammenzustellen. Sie liefern als Beleg dafür, dass Inklusion keine Utopie, sondern in konkreten Situationen auffindbar ist, nicht nur Argumente für inklusive Bildung, sondern auch Hinweise auf ihre Beschaffenheit. Die Suche nach inklusiven Momenten in exklusiven Strukturen führt entsprechend sowohl Szenen vor Augen, die Inklusion realisieren, als auch solche, die diese verhindern oder die Frage nach ihrem Charakter neu stellen. Spuren führen auch zu Hindernissen.

Entgegen unserer ursprünglichen Absicht, Szenen zusammenzustellen, die den Charakter der inklusiven Momente unmissverständlich kennzeichnen, haben wir uns entschieden, auch solche aufzunehmen, die ganz im Gegenteil Hinweise darauf geben, was sie nicht sind, was sie verhindert, was sie behindert oder erschwert. Denn: Inklusion wäre ohne den Tatbestand der Exklusion nicht nötig. Entsprechend gäbe es in einer inklusiven Gesellschaft auch keine inklusiven Momente. Die positive, wertegeleitete, normative, visionäre Beschreibung – die sich z. B. ausdrückt im Wunsch der Wertschätzung von Vielfalt – wird erst authentisch in der Wahrnehmung von Barrieren und Diskriminierung, die ihr im Weg stehen.

Aus der beabsichtigten Sammlung von beobachteten inklusiven Momenten wird also die Suche nach deren Beschaffenheit, die sich mehrfach zeigt: in ihrer realen Auffindbarkeit und in Hinweisen darauf, was sie verhindert.

Die ausgewählten Momente erschließen sich unseres Erachtens von selbst als »inklusiv« oder als »auf Inklusivität hinweisend«. Dennoch fühlten wir uns an manchen Stellen dazu aufgefordert, sie zu kommentieren, unsere Interpretation anzubieten oder sie mit unserem Verständnis von Inklusion zusammenzubringen. Das soll Sie als Leser*in nicht in Ihrer persönlichen Lesart irritieren – möchten Sie (zunächst?) einen Moment als solchen auf sich wirken lassen, so überfliegen Sie die – zumeist als solche erkennbaren – Interpretationsangebote. Unser Wunsch ist, dass unser Buch selber insofern »inklusiv« wirken möge, als sich verschiedene, nicht (nur) von uns vorgezeichnete Betrachtungswege finden lassen – sodass »unsere« Momente in ihren und Ihren Strukturen variieren können.

20

Inklusion im kleinen Stil?

Nach inklusiven Momenten zu forschen bedeutet nicht, sich mit elementaren Fünkchen des Gelingens zu begnügen und strukturelle und systemische Bedingungen, Kontexte und Ziele der Inklusionspädagogik hintanzustellen oder gar aus dem Blick zu verlieren. Die Wertebezüge und die Orientierung an einer anderen Gesellschaft, die den Inklusionsdiskurs prägen (vgl. Winkler 2014) werden nicht dadurch schon aufgegeben, dass man sich um die Entwicklung, Analyse und Würdigung von Best-Practice-Modellen (vgl. Dannenbeck 2012) bemüht. Das Modellhafte der Beispiele ist ja gerade das, was über das Singuläre hinausgeht und strukturell analysiert wird, um möglichst auf die herstellbaren Bedingungen einer systemischen Selbstverstärkung zu stoßen. Allein der Blick auf die Realisierbarkeit ist in erster Linie ein gesellschaftlich interessierter. Nehmen wir als Beispiel ein Projekt, dem es um inklusive Momente in der ästhetischen Bildung geht. Würde man hier mit nur vier oder fünf Kindern arbeiten, denen vielleicht noch jeweils professionelle Musiker*innen und Kulturpädagog*innen zur Seite gestellt werden, würden Inklusionspädagog*innen kritisieren, dass die gegebenenfalls sich ereignenden inklusiven Momente keine strukturelle Bedeutung haben: Sie lassen sich nicht in gegebenen Rahmen ermöglichen, haben keine Chance auf Selbstverstärkungseffekte, erhöhen nicht die Bildungsgerechtigkeit und haben deshalb keine gesellschaftliche Relevanz. Geht es hingegen um die Idee, wie beispielsweise bestimmte Strukturen (Sozialformen, Regeln, demokratische Verfahren) inklusive Momente wahrscheinlicher machen, kann man sich vielleicht vorstellen, dass die wahrscheinlicher gemachten und häufiger auftretenden Momente die Struktur stärken, die dann wiederum in gesteigerter Weise die Momente ermöglicht. Die Begriffe von Struktur und Regel irritieren hier vielleicht. Denkt man aber an Paley's »Mitspielen verbieten ist verboten« wird klar, was eine inklusive Regel sein kann und wie groß ihre strukturelle Wirkung (Paley 1994). Nichts anderes ist damit gemeint, wenn man vom Übergang von Struktur zu System durch Selbstverstärkung bzw. Selbsthervorbringung (Autopoiesis) spricht. Der Blick auf inklusive Momente ist folglich nicht gegen den auf strukturelle oder systemische Zusammenhänge auszuspielen. Von einer gesellschaftsfernen und naiven pädagogischen Begnügung mit dem hier und jetzt Realisierbaren kann daher keine Rede sein.

Das Richtige im Falschen?

Suchen & Entdecken

INKLUSIVE MOMENTE SIND

gut

VATER: Wohin willst du?

Benjamin hielt die Türklinke fest.

BENJAMIN: Raus.

VATER: Wohin raus? Und mit wem?

BENJAMIN: Ähm...

VATER: Um es klar auszusprechen, ich will nicht, daß du mit diesem Josef rumziehst!

BENJAMIN: Warum?

VATER: Weil er nicht gut für dich ist.

Benjamin sah den Vater an.

VATER: Du weißt doch selbst, daß dieser Josef ein... na, sagen wir, ein geistig zurückgebliebenes Kind ist.

BENJAMIN: Der Josef ist aber in Ordnung.

VATER: Möglich. Aber was kannst du schon von ihm lernen?

BENJAMIN: Ich will doch nichts von ihm lernen.

VATER: Man sollte von jedem, mit dem man umgeht, etwas lernen können.

Benjamin ließ die Türklinke los.

BENJAMIN: Ich lerne von ihm, Schiffchen aus Papier zu falten.

VATER: Das konntest du vor vier Jahren schon.

BENJAMIN: Ich hatte es aber wieder vergessen.

VATER: Was macht ihr sonst?

BENJAMIN: Wir laufen rum, sehen uns alles an und so.

VATER: Kannst du das nicht auch mit einem anderen Kind zusammen tun?

BENJAMIN: Doch, aber der Josef sieht mehr.

VATER: Was? ... Was sieht der Josef?

BENJAMIN: So Zeugs ... Blätter und so. Steine. Ganz tolle, und er weiß, wo Katzen sind. Und die kommen, wenn er ruft.

VATER: Hm. Paß mal auf. Es ist im Leben wichtig, dass man sich immer nach oben orientiert.

BENJAMIN: Was heißt das, sich nach oben orientieren?

VATER: Das heißt, daß man sich Freunde suchen soll, zu denen man aufblicken kann. Freunde, von denen man etwas lernen kann, weil sie vielleicht ein bisschen klüger sind, als man selber.

Benjamin blieb lange still.

Benjamin: **ABER, WENN DU MEINST, DASS DER JOSEF DÜMMER IST ALS ICH, DANN IST ES DOCH GUT FÜR DEN JOSEF, DASS ER MICH HAT. NICHT WAHR?**

»Josef sieht mehr« von Gina Ruck-Pauquèt

INKLUSIVE MOMENTE SIND

unwissend

TOM (2. KLASSE): »Papa, ich glaube der Emil ist ein Flüchtling«.

PAPA: »Wie kommst du darauf?«

TOM: »Er spricht irgendwie anders.«

Emil, so stellt sich später heraus, ist ein deutscher Junge mit Down-Syndrom.

Tom verwendet in seiner Beschreibung eine Kategorisierung, die er kennt: Emil ist Flüchtling. Über Flüchtlinge wurde zuletzt auch im Unterricht gesprochen. Die andere mögliche Kategorie scheint er noch nicht kennengelernt zu haben: Emil hat das Down-Syndrom. Dass er die eine für die andere einsetzt, verrät eine Gemeinsamkeit beider Kategorisierungen, die diese wiederum mit weiteren Zuschreibungen verbindet: Emil verhält sich unerwartet, spricht scheinbar anders, vielleicht fremd. Kommt er also aus einem anderen Land? Und: Sind nicht die, die derzeit aus anderen Ländern kommen, Flüchtlinge?

UNWISSEND

Opa fragt Dani: »Sind bei euch in der Schule Flüchtlinge?« – »Nein, nur Kinder. «

Eine Studentin der Sozialen Arbeit in einem Interview mit einem sechsjährigen Kind:
»Welche verschiedenen Arten von Menschen kennst Du?«
Das Kind: »Es gibt kleine Menschen und große Menschen.«

28

UNWISSEND

DIE HEILUNG EINES BLINDEN BEI JERICHO

46 Und sie kamen nach Jericho. Und als er aus Jericho weg-
ging, er und seine Jünger und eine große Menge, da saß ein
blinder Bettler am Wege, Bartimäus, der Sohn des Timäus.
47 Und als er hörte, dass es Jesus von Nazareth war, fing er
an, zu schreien und zu sagen: Jesus, du Sohn Davids, erbar-
me dich meiner!
48 Und viele fuhren ihn an, er solle stillschweigen. Er aber
schrie noch viel mehr: Du Sohn Davids, erbarme dich mei-
ner!
49 Und Jesus blieb stehen und sprach: Ruft ihn her! Und sie
riefen den Blinden und sprachen zu ihm: Sei getrost, steh
auf! Er ruft dich!
50 Da warf er seinen Mantel von sich, sprang auf und kam
zu Jesus.
51 Und Jesus antwortete und sprach zu ihm: Was willst du,
dass ich für dich tun soll?

(Bibel, Markus 10, 46)

29

UNWISSEND

Warum fragt Jesus? Die Frage »Was willst du, was ich für dich tun soll?« richtet er an ein Gegenüber, das offenbar nicht von dem »Mastermerkmal Blindheit« determiniert ist, sondern in voller Komplexität und Undurchschaubarkeit, nämlich als für sich selber sprechendes Subjekt vor ihm steht.

10.500

Für die exakte Phrase »Heterogenität als Chance« findet man im September 2016 10.500 Treffer und etliche Veröffentlichungen auf Google.

31

UNWISSEND

Eine zentrale Frage der Inklusionsforschung richtet sich darauf, inwiefern Zuschreibungen ursächlich für scheinbar charakteristische Merkmale von Personen sind: Sowohl ausschließlich medizinisch hergeleitete Erklärungen für Behinderung (in der Behinderten- und Sonderpädagogik) als auch vermeintlich kulturell bedingte Differenzzuschreibungen (in der Interkulturellen oder Migrationspädagogik) sorgen dafür, dass Menschen Gruppierungen zugeordnet werden – und dies nicht durch die eigene, aktive Entscheidung dafür, sondern von Professionellen, die etwas darüber zu wissen meinen. Die Unterscheidung in ein »wir« und »die anderen« ist somit Ausdruck von Macht, schafft Minder- und Mehrheiten und konstruiert eine vermeintliche Normalität. MoMs, d. h. »Menschen ohne Migrationshintergrund« (Mecheril 2011) und MoBs, d. h. »Menschen ohne Behinderung« (Amirpur/Platte 2015) wissen und entscheiden dabei um jene (mit), die jeweils fremd erscheinen. Was nicht verstanden wird oder fremd anmutet, wird mit der Andersartigkeit, der Abweichung, wird als Defizit des Gegenübers erklärt (vgl. Feuser 1996). Dabei wird deutlich, wie weit sich ein kritischer Inklusionsdiskurs von Phrasen wie »Heterogenität als Chance« entfernt.

INKLUSIVE MOMENTE SIND

dekonstruierend

33

DEKONSTRUIEREND

TÜRKISCH-UNTERRICHT

Elternabend einer dritten Grundschulklasse: Die Lehrerin informiert darüber, dass ab sofort Türkisch-Unterricht erteilt wird und nennt Namen von Kindern, die daran teilnehmen sollen. Ein Vater meldet sich und fragt, ob seine Tochter Sofia auch mitmachen dürfe. Die Lehrerin erwidert, dass es um muttersprachlichen Unterricht geht. Zwei weitere Eltern melden sich: »Mein Sohn Mehmet kann auch kein türkisch.« »Meine Tochter Semra auch nicht.«

DEKONSTRUIEREND

INKLUSIVE MOMENTE SIND

undiszipliniert

»Wer bist du?
Ich bin Kairos, der alles bezwingt!

Warum läufst du auf Zehenspitzen?
Ich, der Kairos, laufe unablässig.

Warum hast du Flügel am Fuß?
Ich fliege wie der Wind.

Warum trägst du in deiner Hand ein spitzes Messer?
Um die Menschen daran zu erinnern, dass ich
spitzer bin als ein Messer.

Warum fällt dir eine Haarlocke in die Stirn?
Damit mich ergreifen kann, wer mir begegnet.

Warum bist du am Hinterkopf kahl?
Wenn ich mit fliegendem Fuß erst einmal
vorbeigeglitten bin, wird mich auch keiner von
hinten erwischen so sehr er sich auch bemüht.

Und wozu schuf Euch der Künstler?
Euch Wanderern zur Belehrung.«

Poseidippos von Pella (3. Jhd. v. Chr.)
Übersetzung: Gründel (1996, Sp. 1131)

38

UNDISZIPLINIERT

Kairos, der günstige Zeitpunkt, ist nicht bloß eine Lücke, die durch etwas Günstiges - was auch immer das sei - ausgefüllt werden könnte. Er ist ein Gott, der dem Geschehen eine andere Wendung geben kann, wenn er auch die Zeit selbst, viel größer und mächtiger als er, nicht zu ändern vermag. Wie schafft er's dann? Worin liegt seine Macht, was sind seine Mittel? Wir wissen es nicht. Säße er nur wie die anderen, wie Chronos, auf dem Olymp, wäre er verbeamtet auf Lebenszeit, könnte man von ihm nur eine gewisse Disziplin und Rechenschaft verlangen, wüsste man Genaueres. Ob ihm die feste Stelle verweigert wurde oder ob er sie nicht wollte, ist unbekannt. Nicht einmal eine Adresse hat er. Sein einziges Abbild: verschollen. Jede Kopie aus dem Gedächtnis: mangelhaft und ungewiss. Lässt er sich nicht einmal verehren?

39

INKLUSIVE MOMENTE SIND

stärker

Mathis und Alexander sitzen nebeneinander vor einem leeren weißen Blatt Papier. Mathis schaut zu Alexander und sagt: »Ich male jetzt einen Dino!« Er sucht sich einen der Stifte aus, die auf dem Tisch liegen, und beginnt zu zeichnen. Alexander antwortet ihm nicht, schaut aber genau zu, was Mathis macht. Nach kurzer Zeit wendet sich Mathis wieder zu Alexander und schaut ihn an: »Mal doch auch einen Dino!« Alexander antwortet nun: »Aber ich kann doch keine Dinos malen.« »Aber das ist doch ganz einfach«, erklärt ihm Mathis. »Guck mal wie ich das mache.« Alexander beugt sich über das Blatt von Mathis und schaut zu, wie er den Stift über das Papier fahren lässt. Nach kurzer Zeit sagt Alexander: »Aber ich kann doch gar nicht malen. Auch keine Dinos!« Mathis legt seinen Stift nun auf den Tisch und dreht sich wieder Alexander zu. Er hat einen sehr ernsten Gesichtsausdruck: »Aber alle können malen.« »Ich aber nicht«, erwidert Alexander. Die beiden schauen sich einen langen Augenblick schweigend an. Sie sehen dabei nachdenklich aus und ziehen die Augenbrauen zusammen. Mathis verändert plötzlich seinen Gesichtsausdruck. Er beginnt zu lächeln und sagt dann: »Aber ich kann dir doch einen Dino malen!« Jetzt lachen beide. Alexander sagt, dass er die Idee gut fände. Mathis fängt nun an den zweiten Dino zu malen. Er kommentiert dabei: »Das wird ein böser Dino. Der ist gefährlich.« Alexander sagt daraufhin: »Meiner ist aber lieb, da musst du keine Angst haben.« »Dinos sind immer gefährlich. Da müssen wir aufpassen!«

INKLUSIVE MOMENTE SIND

ohne Barrieren

»Ein blinder Gastdozent ist zu einem Seminar eingeladen. Er erzählt den Studierenden davon, wie er sich alleine auf den Weg hierhin gemacht hat, was ihm dabei Persönliches widerfahren ist, wie und was er wahrgenommen hat, und auch wie Menschen auf ihn reagiert haben. Die Studierenden hören aufmerksam zu. Im Anschluss haben einige Studierende Fragen – sie melden sich, indem sie aufzeigen. Es entsteht ein kurzer Moment der Stille, Studierende sehen sich an, sehen die Dozentinnen an, viele scheinen irritiert. Eine Dozentin erläutert dem Gastdozenten die Situation, die zur Belustigung aller Anwesenden beiträgt. Es wird sich darauf geeinigt, dass jeder einfach sprechen kann. Das klappt sehr gut: Hat ein Studierender zu Ende gesprochen, schaut sich der nächste Studierende, der etwas sagen möchte, vorher im Raum um – es wird sich untereinander anhand von Körpersprache, durch Blicke und Gesten, verständigt.«

Esther Schüllenbach-Bülow 2014, S. 46

Die Rücksicht auf eine*n oder mehrere in den beschriebenen Situationen Beteiligte*n führt zur Veränderung der Interaktion: Die Verantwortung verlagert sich von einer anleitenden Person auf die Gruppe. Auch wenn die Barrieren hier nur für einige ein überwindbares Hindernis sind, erweist sich ihr Abbau als Gewinn für alle.

»Eine Mark für Charlie, denn Charlie kann nicht zahlen ...« singt es im Kölner Hinterhofsalon. Das Chorkonzert vom Chor Taktil im Rahmen des Sommerblutfestivals 2015 (Motto: Geld) schließt ab mit dem Schlager aus dem Jahr 1977. Es wird fünfstimmig gesungen von allen Anwesenden, Chor und Publikum.

Die Chorleitung kommt ohne visuelle Hilfsmittel aus: Kein Dirigat per Handzeichen, keine Noten, kaum Blickkontakte – stattdessen liegen die Impulse zum Einsatz in der Klavierbegleitung, in rhythmischem Stampfen oder Klatschen, im Anzählen ... Gemeinsames Singen heißt hier vor allem aufeinander hören; nicht alle Singenden sind Sehende. Dem Abschlussgesang mit dem unvorbereiteten Publikum kommt das zugute: Keine*r versinkt im Text- oder Notenlesen. Kurze Sequenzen werden vorgespielt, nachgesungen, wiederholt, zusammengesetzt, sodass es fünfstimmig durch den Hinterhofsalon klingt: »Eine Mark für Charlie, denn Charlie der ist pleite, eine Mark für Charlie, denn Charlie der ist blank!«

Ist Noten lesen eine Voraussetzung, um Musik zu machen? In einer Statistik der Redaktion OHRENKUSS geben 96% der Befragten an, die Uhr lesen zu können. Noten lesen können nur 57%.

Das Wichtigste in der Musik steht nicht in den Noten.

GUSTAV MAHLER

albedo
A.T.
SPACE
TIME
LINES

OHNE BARRIEREN

INKLUSIVE MOMENTE SIND

autopoietisch

Freies Musizieren im Offenen Ganztag, begleitet von einem Musikpädagogen und einem Sozialarbeiter. Acht Kinder sind im Raum und musizieren, die meisten für sich, einer übt konzentriert eine Sequenz auf dem Klavier, zwei Jungen beziehen sich im gemeinsamen Rhythmus auf zwei verschiedenen Trommeln aufeinander, die Fachkräfte beraten und unterstützen da, wo sie gewünscht zu sein scheinen. Der Raum ist erfüllt von Tönen und Rhythmen, Konzentration, Üben, Emsigkeit – scheinbar ohne Anleitung.

Ein Filmausschnitt dieser Szene wird auf einer Tagung diskutiert: »Was soll daran inklusiv sein?« Eine Grundschullehrerin weiß von Kindern, die sie einer solchen Situation nicht aussetzen wolle und sie vor diesem Lärm schützen müsse.

Das Wissen darum, was die anderen brauchen, verhindert Beobachtung, in diesem Fall die Wahrnehmung von Lernprozessen, und erfindet Regeln, die hier doch vor allem eins beabsichtigen: sich selbst (als Lehrende, als Erwachsene, als die Situation Inszenierende, als Bestimmer*in) vor dem, was als Lärm empfunden wird – für die Übenden mag es Musik sein? – zu schützen, denn: Den Lärm machen immer die anderen!

Ohne Anweisungen, Zielorientierung, vorausgewusstes Learning-Outcome ist Lernen nicht vorstellbar. Strukturen, die von den vertrauten abweichen, können nicht als solche erkannt werden. Dass es Kindern möglich sein sollte, darin zu lernen, stellt gar die eigene Profession und Rolle infrage. Problematisiert wird nicht diese, sondern der Lärm, der für seine Erzeuger*innen doch offensichtlich das Lernen begleitet. Nicht-Verstehen wird zum Wissen über andere.

Was ist an der Szene inklusiv? Die Kinder haben sich freiwillig entschieden, in dieser zur Verfügung stehenden Zeit auf den ausgewählten Instrumenten zu üben; die pädagogischen Fachkräfte sind bereit, geben nichts vor, leiten nicht von sich aus an, beraten aber auf Wunsch, der Musiker bringt bei Bedarf sein künstlerisches Wissen ein und kennt den musikalischen Kontext.

Wie viele Kinder haben einen Förderbedarf? Das ist unwesentlich – und für die Inklusivität nicht relevant: Jedes Kind, das möchte, kann mitmachen, die Pädagog*innen haben Zeit und Flexibilität, bei Bedarf zu unterstützen, dafür muss nicht bekannt sein, wer dabei sein wird und wie der oder die sich zum erwarteten Durchschnitt oder einem gesetzten Ergebnis verhalten.

INKLUSIVE MOMENTE SIND

nicht perfekt

49

NICHT PERFEKT

Mustergültig?

Vollkommen?

Unfehlbar?

INKLUSIVE MOMENTE SIND riskant

Es begann im Januar 2015 in Toronto als soziales Experiment mit anti-diskriminierender Absicht. Weit mehr als zweieinhalb Millionen Mal wurde seitdem das Youtube-Video angeschaut, auf dem ein bärtiger junger Mann mit verbundenen Augen und ausgebreiteten Armen auf einer zentralen Einkaufsstraße zu sehen ist. Zu seinen Füßen zwei Schilder: »I trust you. Do you trust me? Give me a hug.« und »I am a Muslim. I am labeled as a terrorist«. In diesem Zusammenhang nicht ganz unerheblich: Neben und hinter den Schildern stehen eine Tasche, ein Rucksack und ein

Koffer. In wenigen Minuten kommt es zu Dutzenden von Umarmungen mit Menschen, die alle möglichen Diversitätskategorien abzudecken scheinen.

Das gleiche Experiment, dann aber eher als Performance, als Statement oder als Political Activism wurde in den folgenden Monaten in zahlreichen Städten weltweit durchgeführt mit jeweils ähnlichem Verlauf. Besonders brisant und in zwei Monaten über drei Millionen mal gesehen ist die Pariser Variante am Rande der Trauerveranstaltung nach den Terroranschlägen in Paris im November 2015. Sich in dieser Situation mit verbundenen Augen und geöffneten Armen zu exponieren gibt dem thematisierten Wort »Vertrauen« eine substantielle Bedeutung. Anstelle der bloßen Rede von Vertrauen und Appellen an Anerkennung, Offenheit und Wertschätzung, zeigt sich hier deutlich ein Unterschied, der inklusive Momente auszeichnet: Sie sind riskant. Und sie rufen, das zeigen die Kommentare, zudem widersprüchliche Reaktionen hervor.

Der Moment ist dabei nicht realer als das jeweilige Risiko, das in diesem Fall mit Händen zu greifen ist. Die Arme ausbreiten, auch im metaphorischen Sinn, macht verletzbar und das ist vielleicht der eigentliche, der ursprüngliche Sinn der Geste, der in eine Gesellschaft übertragen werden muss, die das fast schon unmöglich macht.

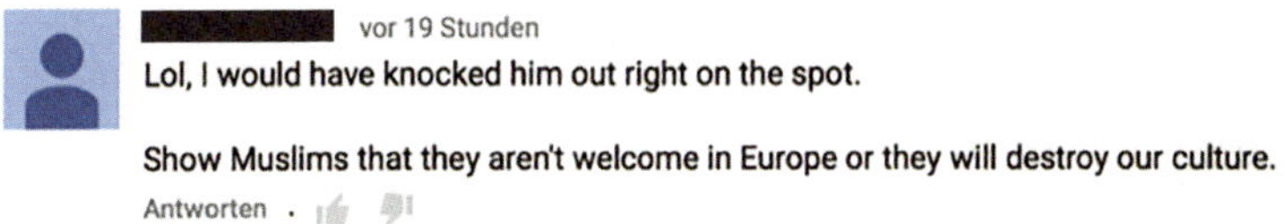

[redacted] vor 19 Stunden

Lol, I would have knocked him out right on the spot.

Show Muslims that they aren't welcome in Europe or they will destroy our culture.

Antworten ·

52

RISKANT

Das Risiko besteht aber genauso auf der anderen Seite. Auch hier »someone has got to step up«. Ein Kommentator auf Youtube hat treffend beobachtet, dass – zumindest im Falle von Mumbai, wo historisch, politisch und kulturell sozusagen erschwerte Bedingungen vorherrschen – eine Person das Eis brechen muss. Die Aufzeichnung zeigt ganz deutlich, dass es zwei Fälle gibt. Entweder Gruppen von Menschen gehen interessiert aber ohne Umarmung vorbei oder es kommt gleich zu zahlreichen Umarmungen. Immer wenn mehrere Menschen sehen, wie eine Person sich traut, folgen viele. Hier kann es zu einer positiven Dynamik kommen, die im Falle von Saarbrücken sogar zu regelrechten Warteschlangen führt.

[redacted] vor 4 Monaten

The first guy who hugged him and trusted him changed everyone's outlook and they started too.

Ohne in die Diskursanalyse und Gouvernementalitätstheorie einsteigen zu wollen, kann vielleicht auch aus einem lebensweltlichen Zugang gesehen werden, dass Sicherheit zunehmend nicht mehr eine Kategorie ist, die unter anderen und situativ in Betracht gezogen wird, sondern vielmehr selbst eine, vielleicht die dominierende Betrachtungsweise geworden ist. Wenn man sich also nach einer Sicherheitsabwägung für die Umarmung entschließt und ‚dahinter' nur die nicht-aktualisierte Bedrohung findet (anstelle einer Person), ist der Sicherheitszirkel geschlossen.

INKLUSIVE MOMENTE SIND

solidarisch

Schon als kleiner Junge hatte ich meine Eltern verloren und kam mit neun Jahren in ein Waisenhaus in der Nähe von London. Es war mehr ein Gefängnis. Wir mussten vierzehn Stunden am Tag arbeiten – im Garten, in der Küche, im Stall, auf dem Felde. Kein Tag brachte Abwechslung, und im ganzen Jahr gab es für uns nur einen einzigen Ruhetag: Das war der Weihnachtstag. Dann bekam jeder Junge eine Apfelsine zum Christfest.

Das war alles. Keine Süßigkeit, kein Spielzeug. Aber auch diese eine Apfelsine bekam nur derjenige, der sich im Laufe des Jahres nichts hatte zuschulden kommen lassen und immer folgsam gewesen war. Diese Apfelsine an Weihnachten verkörperte die Sehnsucht eines ganzen Jahres. So war wieder einmal das Christfest herangekommen. Aber es bedeutete für mein Knabenherz fast das Ende der Welt. Während die anderen Jungen am Waisenhausvater vorbeischritten und jeder seine Apfelsine in Empfang nahm, musste ich in einer Zimmerecke stehen und – zusehen. Das war meine Strafe dafür, dass ich eines Tages im Sommer aus dem Waisenhaus hatte weglaufen wollen. Als die Geschenkverteilung vorüber war, durften die anderen Knaben im Hof spielen. Ich aber musste in den Schlafraum gehen und dort den ganzen Tag über im Bett liegen bleiben.

Ich war tieftraurig und beschämt. Ich weinte und wollte nicht länger leben. Nach einer Weile hörte ich Schritte im Zimmer. Eine Hand zog die Bettdecke weg, unter die ich mich verkrochen hatte. Ich blickte auf. Ein kleiner Junge namens William stand vor meinem Bett, hatte eine Apfelsine in der rechten Hand und hielt sie mir entgegen. Ich wusste nicht, wie mir geschah. Wo sollte eine überzählige Apfelsine hergekommen sein? Ich sah abwechselnd auf William und auf die Frucht und fühlte dumpf in mir, dass es mit der Apfelsine eine besondere Bewandtnis haben müsse.

Auf einmal kam mir zu Bewusstsein, dass die Apfelsine bereits geschält war, und als ich näher hinblickte, wurde mir alles klar, und Tränen kamen in meine Augen, und als ich die Hand ausstreckte, um die Frucht entgegenzunehmen, da wusste ich, dass ich fest zupacken musste, damit sie nicht auseinander fiel.

Was war geschehen? Zehn Knaben hatten sich im Hofe zusammengetan und beschlossen, dass auch ich zu Weihnachten meine Apfelsine haben müsse. So hatte jeder seine geschält und eine Scheibe abgetrennt, und die zehn abgetrennten Scheiben hatten sie sorgfältig zusammengesetzt. Diese Apfelsine war das schönste Weihnachtsgeschenk in meinem Leben. Sie zeigte mir, wie trostvoll echte Kameradschaft sein kann.

»Die Apfelsine des Waisenknaben« von Charles Dickens

56

INKLUSIVE MOMENTE SIND

unverfremdbar

Sie sprechen von mir nur leise
und weisen auf meinen Schorf.
Sie mischen mir Gift in die Speise.
Ich schnüre mein Bündel zur Reise
nach uralter Vorväter Weise.
Sie sprechen von mir nur leise.
Ich bleibe der Fremde im Dorf.

»Der Fremde« von Mascha Kaléko

INKLUSIVE MOMENTE SIND

sie selbst

Flyer zum Mad Pride-Festival 2016 in Köln

INKLUSIVE MOMENTE SIND

zündend

Im Jahr 1930 veröffentlichte Friedrich Copei als 28-jähriger Doktorand das Buch »Der fruchtbare Moment im Bildungsprozess«. Darin beschreibt er »Wissen, welches aus der Erschütterung des ganzen Menschen wieder in einem fruchtbaren Moment aufglüht« (S. 25) als »leidenschaftliche Bewegung«, deren Anstoß nicht »von einem System von kalten Deduktionen und Definitionen, in welches der Partner eingefangen wird« (S. 26) komme, sondern: »Voraussetzung aller Einwirkung auf den anderen ist immer ein persönliches Moment« (ebd.).

Dabei sei die echte Erkenntnis weder ein glücklicher Zufall noch eine mühelose Intuition oder momentane Inspiration, sondern erscheine häufig nach Zeiten der Ruhe und einer dieser vorausgegangenen »sorgfältigen Durchdenkung des Problems in allen seinen Partien« (S. 29) in einem Augenblick der Entspannung. Goethe beschreibt den Anstoß zu diesem Erlebnis durch ein »oft belangloses, zufälliges Ereignis«, das wie ein Blitzeinschlag ein Rätsel zu lösen scheint, und nennt es »Aperçu« (S. 30). »Das Aufleuchten des Aperçus ist noch nicht der letzte Punkt der Entwicklung, mit ihm hebt erst jene leidenschaftliche Eigenbewegung der Sache an; in ihr setzt sich die Einheit der Lösung den tausend Vorstellungen gegenüber durch, ordnet sie und gliedert ein.« (ebd.)

Es folgt die schwere Aufgabe der Eingliederung in den alten Erkenntnisstand, damit die Entdeckung nicht »Gedankensplitter« bleibt. Copei beschreibt, dass »allem Beobachten und allem Suchen, das den fruchtbaren Moment vorbereitet, eine Idee zugrunde liegt, die die Erfahrung befördert und das Finden und Erfinden begünstigt, daß also das Suchen unter bestimmten Gesichtspunkten geschieht« (S. 32). Das Gesuchte – in unserem Fall: das Inklusive – ist gewissermaßen bereits die Antizipation einer Idee. Die »im fruchtbaren Moment emporschießende Erkenntnis ist meist vage und flüchtig«, sie »weist aber stark drängend den Weg zur Vollendung« (S. 33).

INKLUSIVE MOMENTE SIND

trotzig

Sandra schaut ihn verwundert an.

SANDRA: Du willst bei der Lufthansa arbeiten? Als was?

Mahmut trägt einen fatsuit.

MAHMUT: Als Steward.

SANDRA: Als Steward?!

MAHMUT: Mein Traumberuf, aber gehörlose Menschen nehmen sie nicht.

SANDRA: Dein Traumberuf, aha aber gehörlose Menschen nehmen sie nicht. Und warum so fett?

MAHMUT: Weil zwei mal Minus Plus ergibt. Dicke Stewards gibt's ja auch nicht. Also gehörlos multipliziert mit fett.

SANDRA: Weil zweimal Minus Plus ergibt. Und es auch keine dicken Stewards gibt. Also gehörlos multipliziert mit fett.

»Schrei mich an!«
Theaterstück von Marita Ragonese 2015

TROTZIG

»UNSERE FANS SIND JETZT

»IN NATURE THERE'S NO BLEMISH
BUT THE MIND.
NONE CAN BE CALL'D DEFORM'D
BUT THE UNKIND.«
WILLIAM SHAKESPEARE

MAINSTREAM« KRAFTKLUB

»Erziehung:
wesentlich das Mittel,
die Ausnahme zu ruinieren
zu Gunsten der Regel.
Bildung: wesentlich das Mittel,
den Geschmack gegen die
Ausnahme zu richten
zu Gunsten des Mittleren.«
Friedrich Nietzsche

»Wer angesichts
ungerechter Zustände
neutral bleibt, steht längst
auf der Seite der Unterdrücker.
Hat ein Elefant seinen Fuß
auf dem Schwanz einer Maus
stehen, und Du sagst, Du seiest
ein neutraler Beobachter,
wird die Maus Deine Neutralität
nicht schätzen!«
Desmond Tutu

»AM STIRNHAAR LASST DEN
AUGENBLICK UNS FASSEN.«
WILLIAM SHAKESPEARE

»SO SELTEN KOMMT
DER AUGENBLICK IM LEBEN,
DER WAHRHAFT WICHTIG IST
UND GROSS.«
FRIEDRICH SCHILLER

»WENN MAN LANGE GENUG GELEBT HAT, SIEHT MAN, DASS JEDER SIEG SICH EINES TAGES IN EINE NIEDERLAGE VERKEHRT.«

SIMONE DE BEAUVOIR

»Alles an ihm hatte diese magere Unverrückbarkeit, diese nackte Unliebenswürdigkeit. Dennoch blieb es eine Tatsache, daß es nahezu unmöglich war, einen anderen nicht zu mögen, wenn man ihn anschaute.«

Virginia Woolf

»Ich werde aber trotzdem
immer wieder gefragt,
woher kommst du?
Ich komme nicht, ich bin da!«
Natascha im Theaterstück:
»Schrei mich an« von Marita Ragonese

»FÜR ZUKUNFT LEBEN ZU WOLLEN – ACH, ES IST EIN KNABENTRAUM, UND NUR WER FÜR DEN AUGENBLICK LEBT, LEBT FÜR DIE ZUKUNFT.«

HEINRICH VON KLEIST

INKLUSIVE MOMENTE SIND

unstet

In der gesamten Geschichte der Pädagogik kann man nach Bollnow »zwei Grundauffassungen von der Erziehung« (Bollnow 1959, S. 334) unterscheiden:

Die Bildung des Menschen wird im einen Fall als Produkt eines quasi-handwerklichen Machens angestrebt und im anderen als Ergebnis eines organischen Wachstums angesehen, das Wachsen-lassen, Nicht-stören und Pflege erfordert (vgl. Bollnow 1959, S. 334). In beiden Fällen wird eine stetige Entwicklung, d. h. allmähliche Vervollkommnung des Menschen vorausgesetzt. Diese Voraussetzung teilt Bollnow, dem existenzphilosophischen Menschenbild folgend, nicht, und macht deutlich, dass es gerade das Plötzliche, Krisenhafte, jedenfalls das Unstete ist, in dem und durch das sich Bildung im Wesentlichen ereignet. Man muss hier nicht an die Heureka-Erlebnisse denken, die uns von den großen Entdeckungen überliefert sind und bei denen wir Dramatisierungen und Verklärungen vermuten mögen. Sind nicht alle großen Lernschritte, an die wir uns erinnern können, genau genommen Sprünge? Gewohnt, unser Selbst und unser Lernen durch die Augen der Entwicklungspsychologie zu sehen (vgl. Rose 1999, S. 431; Burman 2008, S. 416), interessieren wir uns nicht für das Unstete und Momenthafte und bemühen uns, jeweils eine Entwicklung, wenn möglich gerne auch mit Stufen, zu konstruieren. Die qualitativen Sprünge, die entwicklungspsychologisch stattfinden, scheinen kontrollierbar und standardisierbar zu sein: Man kennt ihre Abfolge, die Zeitspanne, in der ihr Auftreten »normal« ist, und ihre Richtung im Hinblick auf ein schon bekanntes Entwicklungsziel. Das alles ist bei Momenten nicht der Fall. Sie kommen unerwartet, sind nicht Teil eines Entwicklungs- oder Wachstumsprozesses und sind nicht normierbar oder normalisierbar. Ereignet sich ein inklusiver Moment, kann man nach den strukturellen Möglichkeitsbedingungen fragen und überlegen, wie die Wahrscheinlichkeit dieser Ereignisse erhöht werden könnte, eventuell sogar bis hin zu einer selbstverstärkenden, systemischen Dynamik. Was man nicht kann: inklusive Momente fördern in einem entwicklungspsychologisch begründeten Sinne. Sie sind keine Meilensteine auf einem vorgezeichneten Weg, die sich durch Fördermaßnahmen schneller erreichen ließen. Sie sind nie der nächste Schritt, der didaktisch planbar wäre und unter Begleitung schon etwas vor seiner »natürlichen« Zeit möglich wird (vgl. Wygotski 1974 , S. 95).

INKLUSIVE MOMENTE SIND

unheimlich

Dann kommt der Wolkenbruch. Mit Blitz und Donner und Krachen, dass ihnen der Atem stockt. Es ist ein so tosendes Unwetter, dass Mama blass wird und Lisabet vor Entsetzen kreischt. Madita hat auch Angst, natürlich hat sie Angst, aber außer dieser ängstlichen Madita gibt es noch eine andere Madita, und die überläuft es vor geheimer Freude über etwas so Schauerliches und Schönes, so Gefährliches und Herrliches. Wieder einmal spürt sie das Leben in sich.

Textauszug von Astrid Lindgren, in der deutschen Übersetzung von Anna-Liese Kornitzky aus »Madita und Pims« (1990, S. 39)

Madita lässt einen inklusiven Moment miterleben: Zwei gegensätzliche Gefühlsregungen – die positiv konnotierte Freude und die Angst als unangenehm geltender Zustand (Mama lässt sie blass werden und Lisabet kreischen!) – spürt das Mädchen im selben Augenblick. In ihrer Widersprüchlichkeit vereinen sie sich als Reaktion auf Blitz, Donner und Krachen. Was überwunden werden will, erregt zugleich ein schauerlich schönes Gefühl ... Damit beschreibt die Situation »Vielfalt innerhalb eines Kindes (intraindividuelle Variabilität)« (Largo 2009, S. 37), die wohl jeder Mensch von sich selber kennt und die in der Argumentation für Heterogenität als pädagogische Chance gern zum Verständnis interindividueller Variabilität eingesetzt wird (ebd., S. 26). Dass Madita gerade in der Vereinigung von Gegensätzen »das Leben in sich« spürt, kann lesend nachempfunden werden: Schauerliches und Schönes, Gefährliches und Herrliches werden in ihrer Verbindung ganz besonders spürbar – sie widersprechen einander nicht, eines hebt das andere nicht auf, löst es nicht ab, sondern die scheinbaren Widersacher verstärken einander. Angst lockt zugleich Freude hervor, das klingt so widersprüchlich, dass diese geheim bleiben und geradezu überlaufen muss. Tiefes Empfinden (und Erkennen) entsteht in Lebendigkeit und Widersprüchlichkeit. Man mag versuchen, es zu planen, vorauszusehen, abzusichern – solcher Vorhersehbarkeit für inklusive Prozesse misstrauend, sucht inklusive Bildung nach Momenten wie diesem. Ist die Bereitschaft Maditas, sich auf das Bedrohliche einzulassen und in ihm das Belebende zu suchen, die oft genannte »inklusive Haltung«?

INKLUSIVE MOMENTE SIND

verdreht

»Dazu fällt mir eine Geschichte ein, wir waren mit ein paar Hörenden an Karneval im Gehörlosen-Zentrum. Und da waren Gehörlose, das war quasi verdrehte Welt. Hörende sind in die Gehörlosen-Welt reingekommen und alle haben gebärdet! Und sie waren die einzigen, die hören konnten. Ich war da die Dolmetscherin für die ganzen Hörenden quasi. Und da waren natürlich die Gehörlosen, die dann ihren GANZEN Alltag schon mit Anstrengung von Lippen ablesen und sich auf die Kommunikation der Hörenden anpassen verbringen, dass sie, das war schon anstrengend für viele. Und es kamen auch BLICKE, das hab ICH gespürt, weil ich das KENNE, von wegen – Was wollt ihr hier? Also nach dem Motto. Aber es war andererseits, war halt auch, haben sich, waren auch sehr viele, sehr offen zu den Hörenden. Und die Hörenden haben mich auch teilweise BENUTZT als Kommunikations-Assistenz, aber sehr selten. Viele haben ihre Biere selbst bestellt, haben GETANZT, haben / Es ist ganz / Haben den ganzen Abend mit uns verbracht und waren in dem sehr offen. Also es war genau die verkehrte Welt. Und das hat mich auch SEHR, sehr beeindruckt, dieser Abend, ja.«

Anna Zuhr 2015, S. 74

Nina betet:

**LIEBER GOTT, WIR HELFEN DIR.
WIR HELFEN DIR
VON GANZEM HERZEN.**

INKLUSIVE MOMENTE SIND

achtunggebietend

Kevin, Klasse 8, ist in diesem Monat an nur ca. zehn Tagen zur Schule gekommen. Er nimmt sich Auszeiten und wird zum selten gesehenen Besucher. Was er den ganzen Tag macht, bleibt sein Geheimnis. Was man weiß: Kevin singt gern – und so wird ihm trotz seiner Fehlzeiten die Teilnahme an einem in der Schulzeit stattfindenden außerschulisch organisierten Musikangebot ermöglicht. Vielleicht gelingt es ja, ihn über attraktive Angebote wieder an den Schulalltag heranzuführen. Allerdings bleibt er auch hier Gast und nimmt unregelmäßig teil. Während einer Gesangsübung äußert er, dass er Klavier spielen möchte. Der Musikpädagoge versucht, ihn davon abzuhalten, geht es doch gerade um zielorientiertes Üben und nicht um »Herumklimpern«, nicht um Improvisation. Kevin lässt sich nicht abhalten und steht kurze Zeit später wieder am Klavier.

Er spielt die ersten Töne und jeder im Raum merkt sofort, dass diese Vorführung nichts mit einer voraussetzungslosen Improvisation zu tun hat. Er spielt ein gefühlvolles Intro und beginnt eine Ballade zu singen, die auch zunächst abgeneigte Zuhörer*innen zu Tränen rührt.

75

ACHTUNGGEBIETEND

In diesem Moment bekommt man eine Idee davon, wer Kevin, abseits eines Umfeldes das ihn in erster Linie als Schulschwänzer wahrnimmt, sein könnte. Vor allem aber bekommt man eine Idee davon, was Kevin in der Zeit, die er nicht in der Schule verbringt, so macht …

INKLUSIVE MOMENTE SIND

schein-frei

Die Gesamtschule arbeitet seit ihrer Eröffnung vor mittlerweile acht Jahren im Gemeinsamen Unterricht, als der Schüler*innenrat fordert, dass transparent gemacht werden soll, welche Schüler*innen den offiziellen »sonderpädagogischen Förderbedarf« tragen. Die Begründung: Sie wollen verstehen, wenn sich jemand »daneben benehme« – und, so argumentieren sie, durchaus Verständnis dafür aufbringen, wenn eine Behinderung die Ursache dafür sei. Wenn sich Mitschüler*innen »einfach so« aggressiv oder »störend« verhalten, seien sie hingegen nicht bereit, das zu akzeptieren.

Der Antrag sorgt für kontroverse Diskussionen in der Schulgemeinde. Schüler*innen, Eltern, pädagogische Fachkräfte aus Unterricht und Ganztag, Verwaltungsmitarbeiter*innen, Schulleitung und externe Berater*innen haben Gründe und Argumente für und wider die Identifizierung der Kinder und Jugendlichen mit zugewiesenem sonderpädagogischen Förderbedarf. Bei der Eröffnung der Schule hatten sich Eltern und Schulleitung bewusst darauf verständigt, »keinen Unterschied zu machen«. Die Auseinandersetzung trifft einen Kern des Inklusionsdiskurses:

»Wer hat den Schein?«

»Nachteilsausgleich versus gleiche Rechte für alle.«

»Rita, die schwerhörig ist, erkennen wir sowieso. Wir meinen die, die sich komisch benehmen… und möchten wissen, warum.«

»Warum hat der X keine Freunde in der Klasse? Ist er vielleicht Autist? – Möchte er lieber allein sein?«

»Mein Kind soll nicht als ›besonders‹ adressiert werden.«

»Hat nicht jede*r das Recht, sich unerwartet zu benehmen?«

»Wir haben ein Recht darauf zu wissen, wer ›einen Schein‹ hat!«

»Gibt es eine Grenze zwischen dem begründeten, behinderungsbedingten, diagnostizierten abweichenden Verhalten und dem, der einfach so nervt?«

»Wir würden ihm manchmal gern in die Fresse hauen. Aber wenn er nichts dafür kann…?!«

»Wer kann ›was dafür‹ – und ab wann?«

»Reicht die Diagnose als Erklärung – als Entschuldigung?«

»Wir haben uns darauf geeinigt, dass kein Kind als behindert gelten muss!«

»Sollen die Kinder jetzt auch hier stigmatisiert werden?«

INKLUSIVE MOMENTE SIND

nicht umsetzbar

Was auch immer man von »Scheinen« in diesem Sinne halten mag: Sie sind ein Erfordernis der Verwaltung. Organisationen, so formuliert es die Systemtheorie, prozessieren Entscheidungen auf der Grundlage von Entscheidungen. Ein Schein ist so eine Entscheidung. Sie ist eine gebündelte Information oder eine Kompaktkommunikation, die nicht kommunikativ gehandhabt, sondern organisational gemanagt werden kann. Anstelle grundsätzlich nicht abschließbarer Kommunikation mit individuellen Perspektiven und offenen Enden können Organisationen Entscheidungen wie Fakten handhaben, was mit enormen Effizienzgewinnen verbunden ist. Inklusion könnte so ein Faktum sein, etwas, das »gilt« und nun umgesetzt werden muss. Entweder »im Großen« oder »im Kleinen«, wenn entsprechende Beschlüsse gefasst bzw. Bescheinigungen vorgelegt worden sind. Die Logik der Umsetzung ist ganz eindeutig eine Verwaltungslogik. Die konkrete Frage, ob in diesem oder jenem Fall eine Bescheinigung nützlich oder hinderlich ist, besser: ob sie inklusiv oder doch eher separierend, besondernd und stigmatisierend fungiert, sollte auch auf dieser Ebene diskutiert werden: Ist ein Inklusionsverständnis denkbar, das sich auf Verwaltung stützt und verwaltend umgesetzt wird? Sind Organisationen nicht grundsätzlich exklusiv, indem sie auf der Unterscheidung von Mitgliedern und Nicht-Mitgliedern aufbauen und – bei allen Versuchen der Verflachung von Ebenen – hierarchisch strukturiert sind? Will man also Inklusion in diesem

Sinne »umsetzen«? Oder möchte man sich lieber für einen öffentlichen, bzw. in diesem Falle: gemeinschaftlichen Diskurs einsetzen, an dem hierarchiefrei alle, die die Fragen betreffen, teilnehmen können? Wenn diese Frage nur aufgrund der bezweifelten Umsetzbar- oder Machbarkeit verneint wird, haben Adorno und Horkheimer (vgl. Adorno/Horkheimer/Kogon 1987; Horkheimer 1970) mit ihrer Diagnose der Verwalteten Welt nicht übertrieben. Von Inklusion kann dann ohnehin keine Rede (mehr) sein.

»Eine Situation war (…) Witzigerweise, dass Charlie kennenzulernen, weil ich das am Anfang in der ersten Woche nicht wusste, dass Charlie ursprünglich ein Mädchen ist. Und das war ganz, ganz abgefahren. (…) Und besonders bei Charlie habe ich nicht darüber nachgedacht, ich habe nur irgendwie das GEFÜHL gehabt, irgendwas ist KOMISCH. Und ich kann mich nicht so richtig auf den einschwingen. Und der war mir irgendwie immer schon zu freundlich und zu Nähe suchend. Und ich war dann so, hä, irgendwas ist komisch! Und ich habe es NICHT begriffen, bis ich es dann irgendwann nach einer WOCHE in der ersten Phase abends da saß und alle waren irgendwie gerade auf ihr Zimmer gegangen, in der Jugendherberge, und ich saß noch mit Charlie da und saß so VOR dem und dachte so, ach so! (beide lachen) Weißte so. Und dann war ALLES, dann war alles völlig in Ordnung, aber das war so ein, das war SO ein Aha-Erlebnis für mich. Einerseits habe ich mich natürlich dafür eben geschämt, dass ich, dass ich UNTERBEWUSST irgendwie so eine, also es war ja nicht ABNEIGUNG, weil ich nicht verstanden habe, was los ist. Aber in dem Moment, in dem es dann BEWUSST geworden ist, war alles sofort VÖLLIG in Ordnung und VÖLLIG normal und VÖLLIG locker. Aber in dem Moment, in dem ich einfach keine Zeit hatte mich damit zu beschäftigen, was da, was da jetzt gerade passiert, war mir das einfach unangenehm. Tja.«

Anna Zuhr 2015, S. 87

Beide Momente – die Frage nach der Preisgabe des »Scheins« in der Gesamtschule und die Erleichterung, eine Erklärung für das KOMISCHE GEFÜHL gefunden zu haben, berühren eine Kernfrage des Inklusionsdiskurses: Hat erst, wer sich als abweichend geoutet hat, das Recht »so« zu sein? Oder wäre erst das Recht eines jeden Einzelnen auf das individuelle, irritierende »So-Sein« inklusiv, weil jede Begründung eine erwartete Norm unterstreicht, die wiederum Abweichung markiert? Darf nur, wer einen Grund vorweisen kann, KOMISCH sein? Die Suche nach einer Begründung läuft dann Gefahr, das Komisch-Sein medizinisch oder psychologisch (und damit in der Person) zu begründen, anstatt – und das ist das Anliegen inklusiver Bildung – den Kontext dazu zu verpflichten, »So-Sein« ohne die Zuschreibung einer Abweichung zu erlauben. Verhängnisvoll ist zudem, dass die Entscheidung über den Umgang mit dem Outing keine persönliche ist – sie nimmt Einfluss auf die Gruppe und damit auf weitere Akte der Preisgabe und infolge der Kategorienbildung. »Inklusiv« kann dann allenfalls der Prozess der gemeinschaftlichen Einigung sein.

ALTE LEUTE
HABEN ALZHEIMER UND
VERIRREN SICH
UND ANDERE LEUTE
VERIRREN SICH EINFACH SO.

Tobias Wolf, Ohrenkuss 2007, diktiert

INKLUSIVE MOMENTE SIND

cool

In jahrelanger soziokultureller Stadtteilarbeit war ich es gewohnt, Kindern und Jugendlichen, die an einem ausgelaufenen Projekt teilgenommen hatten, die Möglichkeit zu geben, an neuen ähnlichen oder auch ganz anderen Projekten teilzunehmen – so auch Jugendlichen mit Psychiatrieerfahrung, die zwei Jahre mit mir in einem Literatur- und Musikprojekt zusammengearbeitet hatten. Als irgendwann »herauskam«, dass es sich bei diesen Jugendlichen um ehemalige Psychiatriepatient*innen handelte, intervenierten die kooperierenden Einrichtungen und protestierten: Ich hätte »ihre« Kinder und Jugendlichen einem Risiko ausgesetzt, ohne sie vorab und frühzeitig darüber zu informieren. Die Teilnahme dieser Jugendlichen wurde nicht nur grundsätzlich infrage gestellt, sondern in Bezug auf Wochenendfahrten mit Übernachtung besonders drastisch problematisiert, so dass die gesamte Kooperation auf der Kippe stand. Gebeutelt von einer Steuerungsgruppensitzung heimkehrend, bei der mein Vorgehen einhellig als verantwortungslos »verurteilt« wurde, rief ich den Leiter des städtischen Gesundheitsamts an, um zu erfragen, ob es tatsächlich einen »professionellen« und gänzlich anderen Umgang mit psychiatrieerfahrenen Jugendlichen in der offenen Kinder- und Jugendarbeit gebe. Seine Antwort:

»ICH KANN IHNEN VERSICHERN: VON UNSERER SEITE GIBT ES KEINERLEI VORGABEN ODER VERFAHREN ZUR DISKRIMINIERUNG PSYCHISCH ERKRANKTER.«

INKLUSIVE MOMENTE SIND

eigen-zeitlich

Das Interesse an inklusiven Momenten ist auch Ausdruck einer Didaktik, die zwar eine große Skepsis gegenüber Förderung im Sinne einer Entwicklungsoptimierung hat, große Erwartungen aber dahingehend hat, Momente zu ermöglichen und wahrscheinlicher zu machen, die strukturelle Bedeutung und systemische Wirkung haben können. In der Konsequenz heißt das, dass sich die Zeitlichkeit des Blicks auf Unterricht, auf Angebote und Projekte weitgehend verschiebt. Gelingende »Stunden« und funktionierende Abläufe verlieren an Bedeutung und können sogar als relativ wertlos erscheinen, wenn sie – warum auch immer – keine inklusiven Momente ermöglichen, sondern vielleicht eher ruhige und kontrollierbare Abläufe. Dafür achtet man vermehrt zugleich auf ganz kurze Episoden und Szenen und auf viel längere, langsamere, wechselhafte und komplexe Prozesse. Es handelt sich allerdings genaugenommen stets nur um hypothetische, d.h. interpretativ von einem Beobachter konstruierte Prozesse. Im Grunde ist ein Prozess immer nur eine Erzählung, die mehr oder weniger gut zum Verständnis komplexer temporalisierter Sachverhalte beiträgt. Verständnis kann in diesem Zusammenhang nur heißen: Komplexität wird durch eine »erfundene« Ordnung so reduziert, dass erkennbare und in irgendeiner Weise nützliche Strukturen zum Vorschein kommen. War dieser Moment vor einem halben Jahr möglich, bzw. wahrscheinlich? Welche Strukturen haben sich herausgebildet oder verändert, die dazu beigetragen haben? Entsprechend können Settings in besserem Licht erscheinen, die keinen »roten Faden« zu haben scheinen oder sogar teilweise »chaotisch« wirken. In ihnen können sich nämlich sehr wohl ganz wertvolle Momente ereignen und sie können wesentlicher Teil eines Prozesses sein, der möglicherweise sogar von dem profitiert, was zu einem bestimmten Zeitpunkt als Scheitern erschien. Vielleicht achtet man auch mehr auf Übergangsphasen wie die Herrichtung des Raums und bemerkt, was in diesen nicht regulierten, scheinbar chaotischen Phasen geschieht. Es sind gerade diese Situationen, in denen zumindest die durch didaktisches Handeln, durch pädagogische Rollen und durch formale Zwänge hervorgebrachten Barrieren gleichsam verflüssigt werden. Analog zu der oben formulierten »Erzählung« des inklusiven Strukturaufbaus durch inklusive Momente zeigt sich hier die andere Seite: Strukturen sind in der Regel natürlich nicht inklusiv. Inklusive Momente können vor diesem Hintergrund darin bestehen, exklusive Strukturen (v. a.: Barrieren jeder Art) aufzulösen oder wie in diesem Beispiel: Inklusive Momente können unter der Bedingung der situativen Auflösung von barrierehaften Strukturen wahrscheinlicher werden.

86

INKLUSIVE MOMENTE SIND

Augenblicke

Da stand ich also, hoch erhoben über alle; ich, die ich so oft gesagt, daß ich die Schande nicht ertragen würde, auf meinen eigenen, natürlichen Füßen in der Mitte des Zimmers zu stehen – ich stand nun da, allen Blicken ausgesetzt auf einem Piedestal der Schande, Worte vermögen nicht zu beschreiben, welcher Art die Gefühle waren, die in mir tobten; aber gerade in dem Augenblick, wo sie mir die Kehle zusammenschnürten und mir den Atem zu rauben drohten, ging ein Mädchen an mir vorbei. Und im Vorbeigehen richtete sie ihre Blicke auf mich. Welch ein seltsames Licht strömten sie über mich aus! Welch ein wunderbares Gefühl weckten ihre Strahlen in mir! Und wie stark dies bis jetzt ungekannte Empfinden mich machte! Es war, als sei ein Held, ein Märtyrer an einem Sklaven oder an einem Opfer vorübergegangen und hätte ihm dadurch Mut und Kraft eingeflößt. Ich beherrschte und überwältigte den Weinkrampf, der sich meiner bemächtigen wollte, erhob das Haupt und stand dann fest und ohne Beben auf dem Stuhl. Helen Burns stellte eine unbedeutende Frage über ihre Arbeit an Miß Smith, wurde wegen der Trivialität derselben gescholten, ging an ihren Platz zurück und lächelte mir im Vorübergehen wiederum zu. Welch ein Lächeln!! Noch heute erinnere ich mich dessen und ich weiß, daß es der Ausfluß eines großen Geistes, eines wahren Mutes war; es verklärte ihre scharfen Züge, ihr abgemagertes Gesicht, ihre eingesunkenen, grauen Augen wie der Wiederschein von der Gestalt eines Engels. Und doch trug Helen Burns in diesem Augenblick die »Binde der Unordnung« an ihrem Arm; vor kaum einer Stunde hatte ich erst vernommen, wie Miß Scatcherd sie für den morgenden Tag verdammte, ein Mittagmahl von Wasser und Brot zu halten, weil sie eine Übung beim Abschreiben mit Tinte befleckt hatte. Dies ist die unvollkommene Natur des Menschen! Solche Flecke gibt es auf der Scheibe des strahlendsten Planeten, und Augen wie Miß Scatcherds sind nur imstande diese kleinlichen Mängel und Fehler zu entdecken; für den vollen Glanz des Gestirns sind sie blind!

»Jane Eyre« von Charlotte Brontë

INKLUSIVE MOMENTE SIND

unprofessionell

Frage an die Lehrer*innen und pädagogischen Fachkräfte im Rahmen der Prozessbegleitung: »Was glauben Sie, wann die Kinder besonders gut lernen können?« »Wenn unterschiedliche Methoden eingesetzt werden und Differenzierung möglich ist.«

Frage an Eltern an derselben Schule: »Was glauben Sie, wann ihre Kinder besonders gut lernen können?« »Wenn sie satt und ausgeschlafen sind.«

Frage an Schüler*innen einer Grundschule: »Wann, glaubt ihr, könnt ihr besonders gut lernen?« »Wenn die Lehrerin nicht so viel redet!«

Der Klärung vorausgehend, was in dieser Szene den inklusiven Moment ausmacht, sollen die drei Antworten auf die Frage nach dem »guten Lernen« interpretiert werden: Die Unterschiedlichkeit der Antworten präsentiert die jeweilige Perspektive der befragten Gruppe auf Bedingungen guten Lernens: Pädagog*innen fühlen sich in ihrer Professionalität adressiert und weisen selbige in der Antwort aus. Die Eltern scheinen sich auf ihre Zuständigkeit zu besinnen: In der Verantwortung für grundlegende und voraussetzende Bedürfnisse liegt ihr Beitrag für das gute Lernen ihrer Kinder. Und das Mädchen der Klasse 3, das als erstes die Stimme für eine

Antwort der Kinder ergreift, formuliert eine gleichermaßen überraschende wie überzeugende Gewissheit: »Wenn die Lehrerin nicht so viel redet!« Die Aussage, die im Prozess der Schulentwicklung an die beiden anderen Gruppierungen kommuniziert und seitdem in vielen Vorträgen weitergegeben wurde, ist nur im ersten Augenblick überraschend, sodann in ihrer Eindeutigkeit nicht nur einleuchtend, sondern auch einfach und vertraut. Sie fasst komplexe kindheitspädagogische Erkenntnisse über »Selbstbildung« und intrinsisches Lernen, über Kinder als kompetente Lerner*innen und Akteure (vgl. u.a. Schäfer 2003, S. 104) ihrer Entwicklung in einer Aussage zusammen, die in ihrer Einfachheit fast schon frech daher kommt, dabei nicht zuletzt die zuvor von der Pädagog*innengruppe formulierte Antwort ad absurdum führt und Professionalität untergräbt. Diese Perspektive, die nach Auflösung professioneller Selbstverständlichkeit zu verlangen scheint, macht die Aussage zu einem inklusiven Moment, denn die Rednerin dekonstruiert, entlarvt eine Barriere, riskiert, zündet, ist (ungewollt) trotzig, verstört und ist dabei sie selbst. Ihre Aussage deutet an, Lernen könne auf Professionalität verzichten, könne eigen-zeitlich verlaufen – und bevorzugt unprofessionell. Sämtliche konzeptionellen Bemühungen und methodischen Raffinessen der Pädagogik müssen sich damit der Vermutung stellen, sie seien vor allem professionsbestätigende, sich selbst und das für organisiertes Lernen konstruierte System erhaltende Pflegeleistungen. Notwendig – unterstützend – hilfreich – (be)fördernd – erprobt, so möchte die engagierte Pädagogin argumentieren. Aber wenn dem so wäre, wie ließe sich dann begründen, dass der Großteil des für unser Leben relevanten Wissens nicht in der Schule (und wenn da, dann nicht unbedingt im Unterricht) erworben wurde? (Wer würde dem widersprechen?) Die Lernmotivation von Kindern sinkt im Verlauf der Grundschulzeit signifikant (vgl. Helmke 1993, S. 77–86) – und die Enttäuschung über die »Professionalisierung« des kindlichen Lernens bringen auch andere Kinder zum Ausdruck. Die Inklusivität des hier beobachteten Moments liegt in seiner Aufforderung, pädagogische und professionelle Praxis zu hinterfragen und – im Blick auf eine inklusive Gestaltung von Bildung – unter Berücksichtigung der beteiligten Perspektiven zu reflektieren und anders zu wagen.

»SCHULE IST VERPLEMPERTE SPIELZEIT.«

Vincent, 6 Jahre, 1. Klasse

»MÜSSTE ICH NICHT ZUR SCHULE GEHEN, HÄTTE ICH ZEIT ZUM LERNEN.«

Maurus, Schüler einer 4. Klasse,
zit. nach Achermann 2014

INKLUSIVE MOMENTE SIND

beides

Hat alles seine Zeit
das Nahe wird weit
das Warme wird kalt
der Junge wird alt
das Kalte wird warm
der Narre gescheit
alles zu seiner Zeit.

Johann Wolfgang von Goethe

INKLUSIVE MOMENTE SIND

schmerzhaft

In der Kita, in der ich arbeite, befand sich der kleine Leo (11 Monate) in der Eingewöhnung und wollte »ständig« getragen werden. Die Kollegin wollte ihn dazu bringen, dabei nicht immer zu quengeln. Ich hockte mich neben ihn und schaute zu ihr hoch. Sie erschien mir als übermächtig und herzlos und nicht an der Beziehung zu ihm interessiert. Ich stellte mir vor, an einen wildfremden Ort zu wildfremden Menschen ohne mein Einverständnis für eine mir ungewisse Zeit katapultiert zu werden. Schlimm genug. Dazu wäre ich aber noch knappe 80 cm groß, könnte nicht laufen, nicht richtig kauen, nicht sprechen. Eine unerträgliche Vorstellung.

Dieses kleine hilflose Wesen ging jedoch auf Entdeckungstour, nahm Kontakt mit allen Erzieherinnen und Kindern auf, versuchte Nudeln zu zerkauen. Nur alle 15 bis 20 Minuten verließ ihn der Mut und er wollte auf den Arm. Quengeln und die Arme hochstrecken als Bitte, hochgenommen zu werden, gehörte zu seinem »mitgebrachten« Kommunikationsrepertoire. Das wollte die Kollegin ihm aber gerade »abtrainieren«, um möglichen Abhängigkeiten vorzubeugen. Sie verzichtete darauf, nachdem ich ihr meine Perspektive geschildert hatte.

INKLUSIVE MOMENTE SIND

nicht betroffen

AN DICH

Denn wer auch immer Du bist, wo auch immer Du bist, es ist egal. Ich schreibe diesen Brief an Dich. Weil ich Dir etwas sagen möchte. Und es fällt mir schwer, meine Gedanken in Worte zu verkleiden. Aber ich brauche einen Anfang.

Ich bin nicht drin, ganz klarer Fall. Ich habe Beobachtungen und Vergleiche angestellt, wie die ganzen Forscher. Genauestens habe ich sie ausgewertet. Und das Ergebnis war eindeutig. In seiner Mehrdeutigkeit. Eine Sache ist, dass man bestimmte Kriterien erfüllen muss, um auch drin zu sein.

Diese Kriterien habe ich über Jahre hinweg genauestens analysiert. Das Wesen des Drin seins.

Und ich kann nicht behaupten, dass ich es nie versucht hätte, unterbewusst. Aber es hat einfach nicht funktioniert. Ehrlich gesagt, war es der absolute Mist. Vor allem, wenn man immer darüber denkt, warum das Drin sein eigentlich so dumm ist und sich dann hasst, weil man es trotzdem will.

Vielleicht fragst du dich, wovon ich rede. Kann man nicht so genau sagen bei mir. Tatsächlich bin ich weder behindert noch komme ich aus einem anderen Land, noch bin ich allein. Meistens. Da ist nur ein Gefühl, das sich immer wieder meldet. Es kommt aus der Bauchgegend, auch aus der Kopfgegend. Ich spüre es immer, wenn ich die Werbebanner der Stadt herunterreißen möchte oder auf alle wütend bin. (...)

Deine Luzie

Luzie. Inklu:City 2016, S. 44

INKLUSIVE MOMENTE SIND

nicht integrativ

»Warum bist du eigentlich integrativ? Bist du geistig integrativ?« fragt Mirko seinen Freund Ben. »Weißt du«, antwortet der bedächtig, »ich kann doch nicht so schnell rennen wie die anderen. Und ich habe manchmal motorische Schwierigkeiten.«

Mirko und Ben hatten zusammen mit Mitschüler*innen ein Seminar des Lehramtsstudiums besucht, um dort über ihre integrative Klasse zu berichten; im Anschluss daran wurde ich Zeugin dieses kurzen Gespräches. Die Klassenkameraden Mirko und Ben waren zu dem Zeitpunkt seit drei Jahren beste Freunde und telefonierten laut Auskunft ihrer Lehrerin fast täglich miteinander. Diese Frage hatte Mirko sich offensichtlich bis dato nicht gestellt. Den Studierenden hatte er berichtet: »Ich habe einen Bruder, der ist integrativ. Aber mit dem kann ich genauso gut spielen wie mit meinem älteren Bruder, der nicht integrativ ist.« Mirkos kleiner Bruder hat das Down-Syndrom.

Das gemeinsame Spielen und Lernen von Kindern, die – als behinderte und nicht behinderte identifiziert – in Deutschland lange Zeit unterschiedlichen Schulen zugewiesen wurden, wurde als »Integrationspädagogik« bezeichnet.

Etwa seit dem »Jahr der Behinderten« 1981 wurden auf Initiative von Elternverbänden die ersten Integrationsklassen »gegen erhebliche Widerstände auch der etablierten Behindertenpädagogik erkämpft« (Wocken 2001, S. 77). Auf der Grundlage der Dialektik von Gleichheit und Verschiedenheit ging die »Theorie integrativer Prozesse« (Reiser et al. 1986) bereits über die Integration von als behindert spezifizierten Schüler*innen und damit längst über die gegenwärtig unter »Inklusion« laufende pädagogische Realität hinaus. Differenzen zwischen Begabungen, Geschlecht und Kulturen sollten in einer Allgemeinen Pädagogik (Feuser) oder in einer Pädagogik der Vielfalt (Hinz, Prengel, Preuss-Lausitz) aufgehen und die »Verschiedenheit der Köpfe«, von der bereits Herbart (1776–1841) schrieb, annehmen.

Als integrativ definiert Georg Feuser (1995, S. 174):

»eine allgemeine (kindzentrierte und basale) Pädagogik in der ALLE KINDER UND SCHÜLER in KOOPERATION miteinander AUF IHREM jeweiligen ENTWICKLUNGSNIVEAU (...) an und mit einem ›GEMEINSAMEN GEGENSTAND‹ spielen, lernen und arbeiten«.

»Die sind doch auch nur Menschen!« sagt Maik (Klasse 4) in einem Radiointerview, befragt nach seinen behinderten Klassenkamerad*innen und erläutert:

»Die Kathrin, die kann ganz gut lesen. Die Georgina, die konnte am Anfang gar nichts und jetzt kann sie alles. Und die Katarina, die redet nur, wenn sie will: Ein Dickkopf.«

Maik hat recht: Kathrin kann gut lesen, bedenkt man ihre Diagnose »geistig behindert«, errechnete Testwerte, erwartete Fähigkeiten und auch den Lehrplan der für sie zuständigen Schule mit dem Förderschwerpunkt Geistige Entwicklung. Gemessen an den Leistungen des Klassendurchschnitts fällt eine Bewertung schwer. Maiks Einordnung orientiert sich nicht am Klassendurchschnitt: Kathrin kann gut lesen.

Katarina spricht in Ein- bis Zwei-Wort-Sätzen. Nur, wenn sie will? Nur in kleinen Gruppen? Nur, wenn ihre Freundin dabei ist? Wir wissen nicht, warum sie manchmal mehr, manchmal weniger, manchmal gar nicht spricht. Das gehört zu ihrer Behinderung, würde man diagnostizieren: Mutismus, Störung der Sprechwerkzeuge, kognitive Beeinträchtigung? Ein Dickkopf!, sagt Maik. Die Situation, könnte man auch sagen. Wer entscheidet, ob die medizinische, die psychologische oder die systemische Erklärung gilt?

»Die brauchen ein bisschen mehr Anschwung beim Lernen«, sagt Dennis (der aus Sicht der Lehrerinnen selber auf Anschwung wartet). »Behindert?«, sagt Theresa, »selbst ich bin behindert, ich trage eine Brille, ich bin sehbehindert.« »Und ich bin gegen Mathe behindert«, sagt Elvan, »das fällt mir so schwer.« Und etwas später: »Und mit normal, das finde ich nicht richtig, die sind auch normal, alle sind normal.« »Wie viele Förderkinder sind denn in eurer Klasse?« fragte einmal ein Besucher die Klasse 4b und die Antwort wurde diskutiert: »Vier, nein zwei, nein acht?«

Eltern, Vertretungslehrer*innen, Besucher*innen fragen nach den »behinderten Kindern«, nach den Förderkindern, nach den normalen Kindern in der integrativen Klasse. Die erleben sich dort einfach als Kinder: Katarina, Michel, Friederike, behindert, nicht behindert? Sind es die, die langsamer lernen, die mit dem Taxi kommen, die Anschwung brauchen, die einen Förderbedarf haben, die laut sind, die Dickköpfe ...? Die Integrationsklasse (1996–2000) wird mit pädagogischer Neugier beobachtet. Mirko wählt den Begriff integratives Kind.

INKLUSIVE MOMENTE SIND

nicht trendy

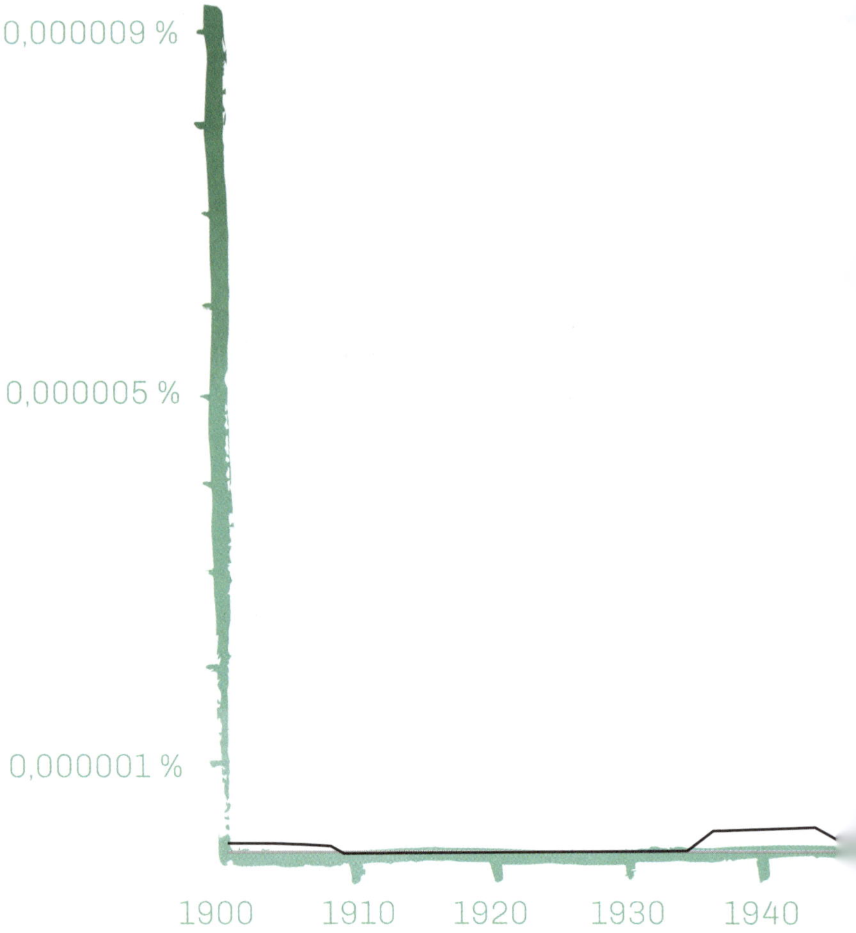

NICHT TRENDY

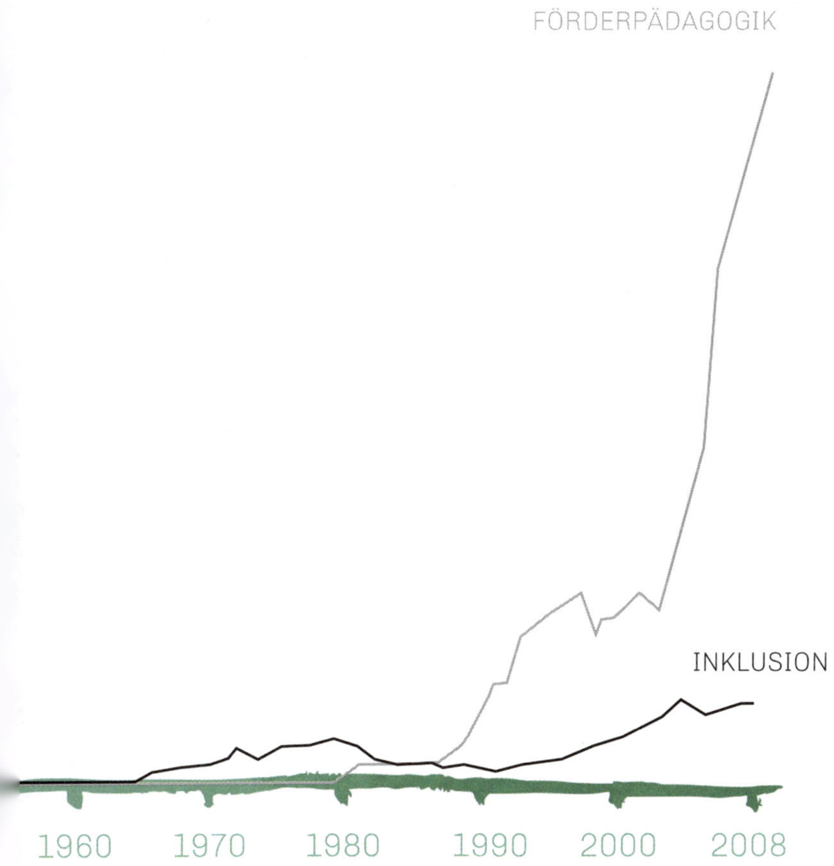

Grafik basierend auf dem Suchergebnis bei Google Books Ngram Viewer nach den Begriffen Förderpädagogik und Inklusion von 1900 bis 2008

INKLUSIVE MOMENTE SIND

nicht careful

Six men fell every six days down six flight of stairs
And broke their necks in six different places
For six thousand years –
Because of six unsuitable steps –
And no living soul cared
Because it wasn't them.
It was only those who were not careful ...

Kly, Yussuf Naim. 1986. The Black book.

… zumindest nicht, wenn man »care« als eine Verpflichtung von Individuen sich selbst gegenüber versteht und damit als eine Internalisierung externer Kontrolle durch das Subjekt (Selbstkontrolle in Anpassung an externe Zwänge). Setzt eine Gesellschaft auf Eigenverantwortung von Individuen, »befreit« sie sich zugleich von solidarischer Verantwortung. Dieses im Umfeld der soziologischen Neoliberalismuskritik und der Gouvernementalitätstheorie vorgebrachte Argument scheint allerdings bei »care« nicht zuzutreffen. Ist »care« nicht gerade ein Konzept zur Überwindung des neoliberalen Individualismus zugunsten einer (neuen) Gemeinschaftsidee? Folgt man dem britischen Soziologen Nikolas Rose, ist »care« ein gutes Beispiel dafür, wie die Gemeinschaftsorientierung eine besonders fortgeschrittene Form der gesellschaftlichen Entsolidarisierung darstellt (vgl. Rose 1996). Subjekte, ihre Familien, Communities und Netzwerke sollen den Abbau sozial- und wohlfahrtsstaatlicher Leistungen kompensieren und werden dazu durch eine entsprechende Moralisierung motiviert (vgl. Pearson 1995). Letztlich wird hier ein neoliberales System durch ein in keiner Weise weniger kaptialistisches Modell des fortgeschrittenen Liberalismus ersetzt, bzw. ergänzt. Dieses kann gleichzeitig mittels schöner Formulierungen wie »care« unsichtbar und akzeptabel gemacht werden, so dass die Notwendigkeit einer tatsächlichen Reform hin zu einer solidarischeren Gesellschaft politisch kaum mehr kommuniziert werden kann.

INKLUSIVE MOMENTE SIND

jerky

Songwriting-Workshop an einer Förderschule. Jugendliche Teilnehmer*innen kommen während der Unterrichtszeit in das in einem Kellerraum der Schule eingerichtete Tonstudio und schreiben und produzieren mit Hilfe von Musikern und Musikpädagogen ihre eigenen Songs. Eine feste Gruppe von vier Teilnehmer*innen ist im Studio und es werden Textstrophen geschrieben, die auf eigens dafür produzierte Beats gerappt werden sollen. Das Textschreiben geht nur mühsam voran, aber am Ende gelingt ein für alle zufriedenstellendes Ergebnis, das zwar noch etwas holprig aber mit guter Tendenz für ein neues Stück auf den Beat gerappt werden kann. Nach Beendigung der Arbeitsphase fragt Dan, ob er schnell mal eine Idee ausprobieren könne. Der verantwortliche Musiker im Studio willigt nach tendenziell zähem Stundenverlauf ohne große Erwartungen ein. Dan legt sofort los und »beatboxt« sein grundlegendes Pattern, also gibt mit seiner Stimme Tempo, Beat und Basslauf vor. Der Musiker verarbeitet die einzelnen Komponenten mit Hilfe seines Computers zu einem Ostinato, das er als Loop im Hintergrund laufen lässt. Dan setzt die Kopfhörer auf, stellt sich ans Mikrofon und rappt mit professionellem Ausdruck einen Song in perfekter Radio-Singlelänge (3:14 Minuten) als »First Take« (also ohne Pause in nur einem Durchgang).

IT'S A JERKY

Je-Je-JeJe Je-rky break it up suppose

STROPHE
hey bap-i-dap-i so shake a dape shape so brap
happy do it stop it`s over jack a beg it a back
had up a stupid Jay had a jerky stop
heg it up so my name is the Dan in above
with the doe sheet clap hed up a sheet a bow
had an up e seek it up now ba-dap-a-dap-dow
what ap a baby G hap a stowe to chuck
hap `bout a bake it shake it dap is up

REFRAIN
It`s a Jerky- hap a stop in a top
It`s a Jerky- break it up to stop
It`s a Jerky- hap in know and shake it up
Hey babin itchy going had to go in a stop ...

Nicht zu Ende

Nicht zu Ende

Der Gemeinsame Unterricht wird heute Gemeinsames Lernen, die integrativen Klassen werden inklusive Klassen genannt. Die Zahl der mit sonderpädagogischem Förderbedarf versehenen und darin »beschulten« Kinder ist im Schuljahr 2013/14 auf 31,4% angestiegen. Seit dem Schuljahr 2000/01 mit 13,2% und 18,4% im Jahre 2008/09 sind stetige »Inklusionsfortschritte« zu verzeichnen; sie werden durch sogenannte »Inklusionsquoten« vermessen (Bertelsmann-Stiftung 2015, S. 30) und nicht etwa durch ihre pädagogisch bestimmte Qualität charakterisiert. Sie bleiben (vorausgesetzt der Hoffnung, dass sich in ihnen überhaupt etwas, was im pädagogischen und didaktischen Sinne als inklusiv beschrieben werden kann, ereignet) Inseln des Richtigen im Falschen. Inklusive Bildung, auf diese Weise affirmativ in die unangefochtenen exklusiven Strukturen eingepasst, verliert ihre politische Sprengkraft, degeneriert zur Worthülse und wird entpolitisiert als optimierte Integration des Integrierbaren (vgl. Dannenbeck et al. 2016, S. 204).

Inklusiver Bildung geht es um die Überwindung des Integrationsparadigmas; Zugehörigkeit muss nicht erworben oder unter Beweis gestellt werden, sondern ist implizite, nicht hinreichende Voraussetzung. Wenn alle Beteiligten gleichermaßen an der gemeinschaftlichen Ausgestaltung einer eigenen Gruppenidentität beteiligt sind, besteht keine Notwendigkeit, etwas oder jemanden zu integrieren.

So harmlos und mitreißend das vordergründig vielzitierte Kennzeichen von Inklusion »Wertschätzung von Vielfalt« klingen mag und so gern es gleichzeitig als naiv und unpolitisch abgetan wird: Das Recht eines jeden Menschen auf ein Leben und Wachsen jenseits von Entwicklungsrastern und Normvorstellungen braucht daneben Sensibilität für Barrieren, die Benachteiligung und Diskriminierung bedingen und die – häufig als blinde Flecke, häufig aber auch gezielt – hierarchiefreie und gleichberechtigte Interaktionen verhindern. Mit dieser Anforderung bedarf Inklusion nicht nur unbeschwerter Freude an Verschiedenheit, sondern des kritischen Blicks, der Stärke, der Dekonstruktion, der Solidarität – und wird auch unbequem. Zugleich lässt sich ihr Wirken aus dem Moment heraus über diesen hinaus vorstellen.

Literatur

Adorno, Theodor W. (2003). Minima Moralia. Reflexionen aus dem beschädigten Leben. Hrsg. v. Rolf Tiedemann. Bd. 4, Theodor W. Adorno. Gesammelte Schriften. Frankfurt a. M.: Suhrkamp.

Adorno, Theodor W./Horkheimer, Max/Kogon, Eugen (1987). »Die verwaltete Welt oder: Die Krisis des Individuums.« In Max Horkheimer. Gesammelte Schriften. Band 13: Nachgelassene Schriften 1949–1972, hrsg. v. Alfred Schmidt und Gunzelin Schmidt Noerr. Frankfurt a. M.: S. Fischer, S. 121–142.

Amirpur, Donja/Platte, Andrea (2015). Allianzen für die Inklusionsentwicklung: Intersektionale und interdisziplinäre Forschung. In: Schnell, Imrtraud (Hrsg.): Herausforderung Inklusion. Bad Heilbrunn: Klinkhardt (S. 431–438).

Bertelsmann Stiftung (Hrsg.) (2015). Inklusion in Deutschland, Daten und Fakten 2015. Verfügbar unter: https://www.bertelsmann-stiftung.de/de/publikationen/publikation/did/inklusion-in-deutschland-1/ (Zugriff am 19.09.2016).

Bollnow, Otto Friedrich (1959). Existenzphilosophie und Pädagogik. Versuch über unstetige Formen der Erziehung. Stuttgart, Berlin, Köln, Mainz: Kohlhammer.

Brontë, Charlotte (1847, 2013). Jane Eyre. Berlinger Ausgabe, hrsg. von Michael Holzinger. Online verfügbar unter http://www.zeno.org/Literatur/M/Bront%C3%AB,+Charlotte/Roman/Jane+Eyre/Siebentes+Kapitel.

Burman, Erica (2008). Deconstructing Developmental Psychology. Second edition. London: Routledge.

Copei, Friedrich (1930). Der fruchtbare Moment im Bildungsprozess. Stuttgart.

Dannenbeck, Clemens (2012). »Wie kritisch ist der pädagogische Inklusionsdiskurs? Entpolitisierungsrisiko und theoretische Verkürzung.« In: Disability Studies. Kritische Perspektiven für die Arbeit am Sozialen, edited by Kerstin Rathgeb. Wiesbaden: Springer VS. S. 55–67.

Dannenbeck, Clemens (2016). Soziale Arbeit und Inklusion, Die Menschenrechtsprofession im Inklusionsdiskurs. In: Ottersbach, Markus; Platte, Andrea; Rosen, Lisa (Hrsg.): Soziale Ungleichheiten als Herausforderung für inklusive Bildung. Wiesbaden: Springer VS, S. 49–62.

Feuser, Georg (1995). Behinderte Kinder und Jugendliche. Darmstadt: Wissenschaftliche Buchgesellschaft.

Feuser, Georg (1996). »Geistigbehinderte gibt es nicht!« Zum Verhältnis von Menschenbild und Integration. 11. Österreichisches Symposium für die Integration behinderter Menschen »Es ist normal, verschieden zu sein«, Innsbruck, 6.–8. Juni 1996.

Gründel, Johannes (1996). Kairos. In: Lexikon für Theologie und Kirche. Band 5: Hermeneutik bis Kirchengemeinschaft. Freiburg: Herder.

Helmke, Andreas (1993). Die Entwicklung der Lernfreude vom Kindergarten bis zur 5. Klassenstufe. Zeitschrift für Pädagogische Psychologie, 7, S. 77–86.

Horkheimer, Max (1970). Verwaltete Welt. Gespräch zwischen Prof. Dr. Max Horkheimer und Otmar Hersche. Edition »Arche Nova«. Zürich: Arche.

INKLU:CITY (Hrsg.) (2016). Drinnen. Stadt. Draussen. Düsseldorf: Kulturzentrum zahle gGmbH.

Kly, Yussuf Naim (1986). The Black Book: The True Political Philosophy of Malcolm X (El Hajj Malik El Shabazz). University of Michigan.

Lindgren, Astrid/Kornitzky, Anna-Liese/Wikland, Ilon (1990). »Madita und Pims«. Hamburg: Oetinger.

Mecheril, Paul (2011). Diversity als pädagogische Perspektive – Anfragen an ein pädagogisches Konzept. Verfügbar unter: http://www.gender-nrw.de/fileadmin/daten-fuma/4_Service/1_Download/3_FUMA_Fachtagungen/Pluralitaet_als_Normalitaet__FUMA_Fachtagung_16.05.2011_01.pdf (Zugriff am 19.09.2016).

Paley, Vivian Gussin (1994). Mitspielen verbieten ist verboten. Gegenseitige Achtung und Akzeptanz unter Kindern. Übers. v. Heike Brandt. Weinheim, Berlin: Beltz Quadriga. Original edition, You Can't Say You Can't Play 1992.

Peschka, Bärbel/de Braganca, Katja (Hrsg.) (1998–2008): Ohrenkuss: Das Wörterbuch. Bonn: downtown – werkstatt für kultur und wissenschaft.

Reiser, Helmut/Klein, Gisela/Kreie, Gabriele/Kron, Maria (Hrsg.) (1986). Integration als Prozess. In: Vierteljahrszeitschrift für Heilpädagogik 16, S. 115–122 und 154–160.

Rose, Nikolas (1999). Governing the Soul. The Shaping of the Private Self. Second Edition. London; New York: Free Association Books. Original edition, 1989.

Ruck-Pauquèt, Gina (o. J.). »Josef weiß mehr«.

Schäfer, Gerd E. (Hrsg.) (2003). Bildung beginnt mit der Geburt. Weinheim, Berlin, Basel: Beltz.

Schüllenbach-Bülow, Esther (2014). Habitus und Nachhaltigkeit in der Kindheitspädagogik. Unveröffentlichte BA-Arbeit TH Köln.

Winkler, Michael (2014). »Inklusion – Nachdenkliches zum Verhältnis pädagogischer Professionalität und politischer Utopie.« neue praxis (2): S. 108–123.

Wocken, Hans (2001). Integration. In: Antor, Georg/Bleidick, Ulrich (Hrsg.) (2001). Handlexikon der Behindertenpädagogik. Schlüsselbegriffe aus Theorie und Praxis. Stuttgart, Berlin, Köln: Kohlhammer, S. 76–79.

Wygotski, Lew Semjonowitsch (1974). Denken und Sprechen. Übers. v. Gerhard Sewekow. Hrsg. v. Thure von Uexküll und Ilse Grubrich-Simitis, Conditio Humana. Ergebnisse aus den Wissenschaften vom Menschen. Frankfurt a.M.: S. Fischer. Russische Originalausgabe 1934.

Zuhr, Anna (2015). Inklusion in der Kulturellen Bildung. Unveröffentlichte Masterarbeit TH Köln.